U0620355

长物志

（明）文震亨·撰

中华书局

·一·壺·天·地·

前　言

　　道家传说壶中别有天地，因常以"一壶"喻宇宙或仙境。唐以后也用壶中天地代称小园林，寓指园林虽小却无所不有。无论是园林还是居室陈设、主人把玩清赏之物，都可小中见大，自显乾坤。

　　造个环境清幽安静的园子，有琪花瑶草可畅神怡情，有红袖可添香，有古物书画可鉴赏……在诗意中消遣生活，这大概是历来文人雅士们最为向往的吧。

　　"上士爱清辉，开门向翠微。抱琴看鹤去，枕石待云归"是文人雅士钟爱的生活环境，承载着他们的审美情趣。明代计成就是一位能将这种理想完美呈现的造园大师，他所撰写的《园冶》是中国历史上第一部全面系统总结和阐释造园法则与技艺的著作。从选址、规划与设计建筑物、叠山理水、铺装地面、选择石材和借景等方面对中国古代造园的各环节作了深入具体的总结和阐述。书中提出的"虽由人作，宛自天开""巧于因借，精在体宜"的观点，深得中国古代造园理论之精髓。

　　与《园冶》合称中国古代园林著作双璧的《长物志》是晚明文震亨所撰。《长物志》中直接有关园艺的有室庐、花木、水石等五志，另外有书画、器具、香茗等七志，也是园林生活、园林环境的一部分，折射着文震亨雅、古、隐的审美追求。

香令人幽，诗意生活岂可无香？从屈子的"畦留夷与揭车兮，杂杜衡与芳芷"，到"月色灯光满帝都，香车宝辇隘通衢"，用香早已渗透在国人社会生活的方方面面，甚至成为生活美学的一个门类，美化着人们的生活。宋陈敬撰《新纂香谱》，记载了香品产地、宋代及以前社会用香概况、香药与熏香料配方、香料的收藏方法，并收录了与香有关的文人创作。

金石鼎彝令人古，诗意生活怎可缺少清供雅玩？明代曹昭撰《格古要论》是中国现存最早的文物鉴定专著，描述古物特征，品评优劣，鉴别真伪，完备的体系，丰富的门类，让您一窥文物鉴赏之门径。

以上诸书内容，大多无关生活实用，只是文人雅士诗意生活取向的表达。希望在品读中能让您从尘世俗网中超拔出来，开辟一块心灵的净地，若能日涉成趣，自有清气存焉。

中华书局编辑部

2020 年 11 月

目录

二

卷八　衣饰

卷九　舟车

卷十　位置

序

　　夫标榜林壑，品题酒茗，收藏位置图史、杯铛之属，于世为闲事，于身为长物，而品人者，于此观韵焉，才与情焉，何也？挹古今清华美妙之气于耳、目之前，供我呼吸，罗天地琐杂碎细之物于几席之上，听我指挥，挟日用寒不可衣、饥不可食之器，尊逾拱璧，享轻千金，以寄我之慷慨不平，非有真韵、真才与真情以胜之，其调弗同也。

近来富贵家儿与一二庸奴、钝汉，沾沾以好事自命，每经赏鉴，出口便俗，入手便粗，纵极其摩娑护持之情状，其污辱弥甚，遂使真韵、真才、真情之士，相戒不谈风雅。嘻！亦过矣！

司马相如携卓文君，卖车骑，买酒舍，文君当垆涤器，映带犊鼻裈边；陶渊明方宅十余亩，草屋八九间，丛菊孤松，有酒便饮，境地两截，要归一致；右丞茶铛药臼，经案绳床；香山名姬骏马，攫石洞庭，结堂庐阜；长公声伎酣适于西湖，烟舫翩跹乎赤壁，禅人酒伴，休息夫雪堂，丰俭不同，总不碍道，其韵致才情，政自不可掩耳！

予向持此论告人，独余友启美氏绝颔之。春来将出其所纂《长物志》十二卷，公之艺林，且属余序。

予观启美是编，室庐有制，贵其爽而倩、古而洁也；花木、水石、禽鱼有经，贵其秀而远、宜而趣也；书画有目，贵其奇而逸、隽而永也；几榻有度，器具有式，位置有定，贵其精而便、简而裁、巧而自然也；衣饰有王、谢之风，舟车有武陵蜀道之想，蔬果有仙家瓜枣之味，香茗有荀令、玉川之癖，贵其幽而暗、淡而可思也。法律指归，大都游戏点缀中一往删繁去奢之意义存焉。

岂唯庸奴、钝汉不能窥其崖略，即世有真韵致、真才情之士，角异猎奇，自不得不降心以奉启美为金汤，诚宇内一快书，而吾党一快事矣！

余因语启美："君家先严徵仲太史，以醇古风流，冠冕吴趋者，几满百岁，递传而家声香远，诗中之画，画中之诗，穷吴人巧心妙手，总不出君家谱牒，即余日者过子，盘礴累日，婵娟为堂，玉局为斋，令人不胜描画，则斯编常在子衣履襟带间，弄笔费纸，又无乃多事耶？"

启美曰："不然，吾正惧吴人心手日变，如子所云，小小闲事长物，将来有滥觞而不可知者，聊以是编堤防之。"

有是哉！删繁去奢之一言，足以序是编也。予遂述前语相谂，令世睹是编，不徒占启美之韵之才之情，可以知其用意深矣。

沈春泽谨序。

卷一　室庐

居山水间者为上，村居次之，郊居又次之。吾侪纵不能栖岩止谷，追绮园之踪，而混迹廛市，要须门庭雅洁，室庐清靓，亭台具旷士之怀，斋阁有幽人之致。又当种佳木怪箬，陈金石图书，令居之者忘老，寓之者忘归，游之者忘倦。蕴隆则飒然而寒，凛冽则煦然而燠。若徒侈土木，尚丹垩，真同桎梏樊槛而已。志《室庐第一》。

门

用木为格，以湘妃竹横斜钉之，或四或二，不可用六。两傍用板为春帖，必随意取唐联佳者刻于上。若用石梱，必须板扉。石用方厚浑朴，庶不涉俗。门环得古青绿蝴蝶、兽面，或天鸡、饕餮之属，钉于上为佳，不则用紫铜或精铁，如旧式铸成亦可，黄白铜俱不可用也。漆惟朱、紫、黑三色，余不可用。

阶

　　自三级以至十级，愈高愈古，须以文石剥成。种绣墩或草花数茎于内，枝叶纷披，映阶傍砌。以太湖石叠成者，曰涩浪，其制更奇，然不易就。复室须内高于外，取顽石具苔斑者嵌之，方有岩阿之致。

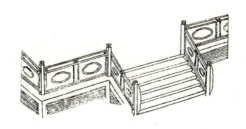

窗

用木为粗格，中设细条三眼，眼方二寸，不可过大。窗下填板尺许，佛楼禅室，间用菱花及象眼者。窗忌用六，或二或三或四，随宜用之。室高，上可用横窗一扇，下用低槛承之。俱钉明瓦，或以纸糊，不可用绛素纱及梅花簟。

冬月欲承日，制大眼风窗，眼竟尺许，中以线经其上，庶纸不为风雪所破，其制亦雅，然仅可用之小斋丈室。漆用金漆，或朱、黑二色，雕花、彩漆，俱不可用。

栏干

　　石栏最古，第近于琳宫、梵宇，及人家冢墓。傍池或可用，然不如用石莲柱二，木栏为雅。柱不可过高，亦不可雕鸟兽形。亭、榭、廊、庑可用朱栏及鹅颈承坐，堂中须以巨木雕如石栏，而空其中。顶用柿顶，朱饰，中用荷叶宝瓶，绿饰。卍字者，宜闺阁中，不甚古雅。取画图中有可用者，以意成之可也。三横木最便，第太朴，不可多用。更须每楹一扇，不可中竖一木，分为二三。若斋中则竟不必用矣。

照壁

得文木如豆瓣楠之类为之，华而复雅，不则竟用素染，或金漆亦可。青紫及洒金描画，俱所最忌，亦不可用六。堂中可用一带，斋中则止，中楹用之。有以夹纱窗或细格代之者，俱称俗品。

堂

堂之制，宜宏敞精丽。前后须层轩广庭，廊庑俱可容一席。四壁用细砖砌者佳，不则竟用粉壁。梁用球门，高广相称。层阶俱以文石为之，小堂可不设窗槛。

山斋

宜明净，不可太敞。明净可爽心神，太敞则费目力。或傍檐置窗槛，或由廊以入，俱随地所宜。中庭亦须稍广，可种花木，列盆景。夏日去北扉，前后洞空。庭际沃以饭瀋，雨渍苔生，绿缛可爱。绕砌可种翠云草令遍，茂则青葱欲浮。前垣宜矮，有取薜荔根瘗墙下，洒鱼腥水于墙上以引蔓者。虽有幽致，然不如粉壁为佳。

丈室

丈室宜隆冬寒夜，略仿北地暖房之制，中可置卧榻及禅椅之属。前庭须广，以承日色。留西窗以受斜阳，不必开北牖也。

佛堂

筑基高五尺余，列级而上，前为小轩及左右俱设欢门，后通三楹供佛。庭中以石子砌地，列幡幢之属。另建一门，后为小室，可置卧榻。

桥

广池巨浸，须用文石为桥，雕镂云物，极其精工，不可入俗。小溪曲涧，用石子砌者佳，四旁可种绣墩草。板桥须三折，一木为栏，忌平板作朱卍字栏。有以太湖石为之，亦俗。石桥忌三环，板桥忌四方磬折，尤忌桥上置亭子。

茶寮

构一斗室相傍山斋，内设茶具。教一童专主茶役，以供长日清谈，寒宵兀坐。幽人首务，不可少废者。

琴室

　　古人有于平屋中埋一缸，缸悬铜钟，以发琴声者。然不如层楼之下，盖上有板，则声不散。下空旷，则声透彻。或于乔松、修竹、岩洞、石室之下，地清境绝，更为雅称耳。

浴室

　　前后二室，以墙隔之，前砌铁锅，后燃薪以俟。更须密室，不为风寒所侵。近墙凿井，具辘轳，为窍引水以入。后为沟，引水以出。澡具巾帨，咸具其中。

街径　庭除

　　驰道广庭，以武康石皮砌者最华整。花间岸侧，以石子砌成，或以碎瓦片斜砌者，雨久生苔，自然古色。宁必金钱作垆，乃称胜地哉！

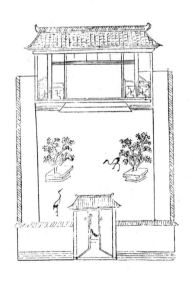

楼阁

　　楼阁作房闼者，须回环窈窕；供登眺者，须轩敞宏丽；藏书画者，须爽垲高深。此其大略也。楼作四面窗者，前楹用窗，后及两傍用板。阁作方样者，四面一式。楼前忌有露台、卷篷，楼板忌用砖铺。盖既名楼阁，必有定式。若复铺砖，与平屋何异？高阁作三层者最俗。楼下柱稍高，上可设平顶。

台

筑台忌六角，随地大小为之。若筑于土冈之上，四周用粗木，作朱阑亦雅。

海论

忌用"承尘"，俗所称"天花板"是也，此仅可用之廨宇中。地屏则间可用之。暖室不可加簟，或用氍毹为地衣亦可，然总不如细砖之雅。南方卑湿，空铺最宜，略多费耳。室忌五柱，忌有两厢。前后堂相承，忌工字体，亦以近官廨也。退居则间可用。忌傍无避弄。

庭较屋东偏稍广，则西日不逼。忌长而狭，忌矮而宽。亭忌上锐下狭，忌小六角，忌用葫芦顶，忌以茆盖，忌如钟鼓及城楼式。楼梯须从后影壁上，忌置两傍，砖者作数曲更雅。临水亭榭，可用蓝绢为幔，以蔽日色；紫绢为帐，以蔽风雪。外此俱不可用，尤忌用布，以类酒船及市药设帐也。

小室忌中隔，若有北窗者，则分为二室，忌纸糊，忌作雪洞，此与混堂无异，而俗子绝好之，俱不可解。忌为卍字窗傍填板。忌墙角画梅及花鸟。古人最重题壁，今即使顾、陆点染，锺王濡笔，俱不如素壁为佳。忌长廊一式，或更互其制，庶不入俗。忌竹木屏及竹篱之属，忌黄白铜为屈戌。

庭际不可铺细方砖，为承露台则可。忌两楹而中置一梁，上设叉手笆，此皆元制而不甚雅。忌用板隔，必以隔砖。忌梁橡画罗纹及金方胜。如古屋岁久，木色已旧，未免绘饰，必须高手为之。

凡入门处，必小委曲，忌太直。斋必三楹，傍更作一室，可置卧榻。面北小庭，不可太广，以北风甚厉也。忌中楹设栏楯，如今拔步床式。忌穴壁为橱，忌以瓦为墙，有作金钱、梅花式者，此俱当付之一击。又鸱吻好望，其名最古，今所用者，不知何物，须如古式为之，不则亦仿画中室宇之制。

檐瓦不可用粉刷，得巨栟榈擘为承溜最雅，否则用竹，不可用木及锡。忌有卷棚，此官府设以听两造者，于人家不知何用。忌用梅花篛。堂帘惟温州湘竹者佳，忌中有花如绣补，忌有字如"寿山""福海"之类。

　　总之，随方制象，各有所宜。宁古无时，宁朴无巧，宁俭无俗。至于萧疏雅洁，又本性生，非强作解事者所得轻议矣。

卷二　花木

弄花一岁，看花十日。故帏箔映蔽，铃索护持，非徒富贵容也。第繁花杂木，宜以亩计。乃若庭除槛畔，必以虬枝古干，异种奇名，枝叶扶疏，位置疏密。或水边石际，横偃斜披；或一望成林；或孤枝独秀。草花不可繁杂，随处植之，取其四时不断，皆入图画。

又如桃、李不可植于庭除，似宜远望；红梅、绛桃，俱借以点缀林中，不宜多植。梅生山中，有苔藓者，移置药栏，最古。杏花差不耐久，开时多值风雨，仅可作片时玩。蜡梅冬月最不可少。

他如豆棚、菜圃，山家风味，固自不恶，然必辟隙地数顷，别为一区；若于庭除种植，便非韵事。更有石磉木柱，架缚精整者，愈入恶道。至于艺兰栽菊，古各有方。时取以课园丁，考职事，亦幽人之务也。志《花木第二》。

牡丹　芍药

牡丹称花王，芍药称花相，俱花中贵裔。栽植赏玩，不可毫涉酸气。用文石为栏，参差数级，以次列种。花时设宴，用木为架，张碧油幔于上，以蔽日色，夜则悬灯以照。忌二种并列，忌置木桶及盆盎中。

玉兰

宜种厅事前。对列数株，花时如玉圃琼林，最称绝胜。别有一种紫者，名木笔，不堪与玉兰作婢，古人称辛夷，即此花。然辋川辛夷坞、木兰柴不应复名，当是二种。

海棠

昌州海棠有香，今不可得；其次西府为上，贴梗次之，垂丝又次之。余以垂丝娇媚，真如妃子醉态，较二种尤胜。木瓜花似海棠，故亦称木瓜海棠。但木瓜花在叶先，海棠花在叶后，为差别耳！别有一种曰"秋海棠"，性喜阴湿，宜种背阴阶砌，秋花中此为最艳，亦宜多植。

山茶

蜀茶、滇茶俱贵，黄者尤不易得。人家多以配玉兰，以其花同时，而红白烂然，差俗。又有一种名醉杨妃，开白雪中，更自可爱。

桃

桃为仙木，能制百鬼，种之成林，如入武陵桃源，亦自有致，第非盆盎及庭除物。桃性早实，十年辄枯，故称"短命花"。碧桃、人面桃差之，较凡桃美，池边宜多植。若桃柳相间便俗。

李

　　桃花如丽姝，歌舞场中，定不可少。李如女道士，宜置烟霞泉石间，但不必多种耳。别有一种名郁李子，更美。

杏

　　杏与朱李、蟠桃皆堪鼎足，花亦柔媚。宜筑一台，杂植数十本。

梅

　　幽人花伴，梅实专房。取苔护藓封，枝稍古者，移植石岩或庭际，最古。另种数亩，花时坐卧其中，令神骨俱清。绿萼更胜，红梅差俗。更有虬枝屈曲，置盆盎中者，极奇。蜡梅磬口为上，荷花次之，九英最下，寒月庭际，亦不可无。

瑞香

相传庐山有比丘昼寝，梦中闻花香，寤而求得之，故名"睡香"。四方奇异，谓"花中祥瑞"，故又名"瑞香"，别名"麝囊"。又有一种金边者，人特重之。枝既粗俗，香复酷烈，能损群花，称为"花贼"，信不虚也。

蔷薇　木香

尝见人家园林中，必以竹为屏，牵五色蔷薇于上。架木为轩，名"木香棚"。花时杂坐其下，此何异酒食肆中？然二种非屏架不堪植，或移著闺阁，供仕女采掇，差可。

别有一种名"黄蔷薇"，最贵，花亦烂漫悦目。更有野外丛生者，名"野蔷薇"，香更浓郁，可比玫瑰。他如宝相、金沙罗、金钵盂、佛见笑、七姊妹、十姊妹、刺桐、月桂等花，姿态相似，种法亦同。

玫瑰

玫瑰一名"徘徊花"，以结为香囊，芬氲不绝，然实非幽人所宜佩。嫩条丛刺，不甚雅观，花色亦微俗，宜充食品，不宜簪带。吴中有以亩计者，花时获利甚夥。

紫荆　棣棠

紫荆枝干枯索，花如缀珥，形色香韵，无一可者。特以京兆一事，为世所述，以比嘉木。余谓不如多种棣棠，犹得风人之旨。

葵花

葵花种类莫定，初夏，花繁叶茂，最为可观。一曰"戎葵"，奇态百出，宜种旷处；一曰"锦葵"，其小如钱，文采可玩，宜种阶除；一曰"向日"，别名"西番葵"，最恶。秋时一种，叶如龙爪，花作鹅黄者，名"秋葵"，最佳。

罂粟

以重台千叶者为佳，然单叶者子必满，取供清味亦不恶，药栏中不可缺此一种。

薇花

　　薇花四种：紫色之外，白色者曰"白薇"，红色者曰"红薇"，紫带蓝色者曰"翠薇"。此花四月开，九月歇，俗称"百日红"。山园植之，可称"耐久朋"。然花但宜远望，北人呼"猴郎达树"，以树无皮，猴不能捷也。其名亦奇。

芙蓉

　　宜植池岸，临水为佳；若他处植之，绝无丰致。有以靛纸蘸花蕊上，仍裹其尖，花开碧色，以为佳，此甚无谓。

萱花

萱草忘忧，亦名"宜男"，更可供食品。岩间墙角，最宜此种。又有金萱，色淡黄，香甚烈，义兴山谷遍满，吴中甚少。他如紫白蛱蝶、春罗、秋罗、鹿葱、洛阳、石竹，皆此花之附庸也。

薝卜

一名"越桃"，一名"林兰"，俗名"栀子"，古称"禅友"。出自西域，宜种佛室中。其花不宜近嗅，有微细虫入人鼻孔，斋阁可无种也。

玉簪

　　洁白如玉，有微香，秋花中亦不恶。但宜墙边连种一带，花时一望成雪。若植盆石中，最俗。紫者名紫萼，不佳。

金钱

　　午开子落，故名"子午花"。长过尺许，扶以竹箭，乃不倾欹。种石畔，尤可观。

藕花

藕花池塘最胜，或种五色官缸，供庭除赏玩犹可。缸上忌设小朱栏。花亦当取异种，如并头、重台、品字、四面观音、碧莲、金边等乃佳。白者藕胜，红者房胜。不可种七石酒缸及花缸内。

水仙

水仙二种，花高叶短，单瓣者佳。冬月宜多植，但其性不耐寒，取极佳者移盆盎，置几案间。次者杂植松竹之下，或古梅奇石间，更雅。冯夷服花八石，得为水仙，其名最雅，六朝人乃呼为"雅蒜"，大可轩渠。

凤仙

凤仙，号"金凤花"，宋避李后讳，改为"好儿女花"。其种易生，花叶俱无可观。更有以五色种子同纳竹筒，花开五色，以为奇，甚无谓。花红，能染指甲，然亦非美人所宜。

茉莉　素馨　夜合

夏夜最宜多置，风轮一鼓，满室清芬，章江编篱插棘，俱用茉莉。花时，千艘俱集虎邱，故花市初夏最盛。培养得法，亦能隔岁发花，第枝叶非几案物，不若夜合，可供瓶玩。

杜鹃

花极烂漫，性喜阴畏热，宜置树下阴处。花时，移置几案间。别有一种名"映山红"，宜种石岩之上，又名"山踯躅"。

秋色

吴中称鸡冠、雁来红、十样锦之属，名"秋色"。秋深，杂彩烂然，俱堪点缀。然仅可植广庭，若幽窗多种，便觉芜杂。鸡冠有矮脚者，种亦奇。

松

　　松、柏古虽并称，然最高贵者，必以松为首。天
目最上，然不易种。取栝子松植堂前广庭，或广台之
上，不妨对偶。斋中宜植一株，下用文石为台，或太
湖石为栏俱可。水仙、兰蕙、萱草之属，杂莳其下。
山松宜植土冈之上，龙鳞既成，涛声相应，何减五株
九里哉？

木槿

　　花中最贱，然古称"舜华"，其名最远。又名"朝菌"。编篱野岸，不妨间植，必称林园佳友，未之敢许也。

桂

丛桂开时，真称"香窟"。宜辟地二亩，取各种并植，结亭其中，不得颜以"天香""小山"等语，更勿以他树杂之。树下地平如掌，洁不容唾，花落地，即取以充食品。

柳

　　顺插为杨，倒插为柳，更须临池种之。柔条拂水，弄绿搓黄，大有逸致。且其种不生虫，更可贵也。西湖柳亦佳，颇涉脂粉气。白杨、风杨，俱不入品。

黄杨

　　黄杨未必厄闰，然实难长，长丈余者，绿叶古株，最可爱玩。不宜植盆盎中。

芭蕉

绿窗分映，但取短者为佳，盖高则叶为风所碎耳。冬月有去梗以稻草覆之者，过三年，即生花结甘露，亦甚不必。又有作盆玩者，更可笑，不如棕榈为雅。且为麈尾蒲团，更适用也。

槐榆

宜植门庭，板扉绿映，真如翠幄。槐有一种天然樛屈，枝叶皆倒垂蒙密，名"盘槐"，亦可观。他如石楠、冬青、杉、柏，皆丘垄间物，非园林所尚也。

梧桐

青桐有佳荫，株绿如翠玉，宜种广庭中。当日令人洗拭，且取枝梗如画者，若直上而旁无他枝，如拳如盖，及生棉者，皆所不取。其子亦可点茶。生于山冈者曰"冈桐"，子可作油。

椿

椿树高耸而枝叶疏，与樗不异，香曰"椿"，臭曰"樗"。圃中沿墙宜多植以供食。

银杏

银杏株叶扶疏，新绿时最可爱。吴中刹宇及旧家名园，大有合抱者。新植似不必。

乌臼

秋晚，叶红可爱，较枫树更耐久。茂林中有一株两株，不减石径寒山也。

竹

　　种竹宜筑土为垄，环水为溪，小桥斜渡，陟级而登，上留平台，以供坐卧，科头散发，俨如万竹林中人也。否则辟地数亩，尽去杂树，四周石垒令稍高，以石柱、朱栏围之，竹下不留纤尘片叶，可席地而坐，或留石台、石凳之属。

竹取长枝巨干，以毛竹为第一，然宜山不宜城。城中则护基笋最佳，余不甚雅。粉、筋、斑、紫四种俱可，燕竹最下。慈姥竹即桃枝竹，不入品。又有木竹、黄菰竹、箬竹、方竹、黄金间碧玉、观音、凤尾、金银诸竹。

忌种花栏之上及庭中平植。一带墙头，直立数竿。至如小竹丛生，曰"潇湘竹"，宜于石岩小池之畔，留植数枝，亦有幽致。

种竹有"疏种""密种""浅种""深种"之法。疏种谓:"三四尺地方种一窠,欲其土虚行鞭。"密种谓:"竹种虽疏,然每窠却种四五竿,欲其根密。"浅种谓:"种时入土不深。"深种谓:"入土虽不深,上以田泥壅之。"如法,无不茂盛。

又棕竹三等:曰筋头,曰短柄,二种枝短叶垂,堪植盆盎;曰朴竹,节稀叶硬,全欠温雅,但可作扇骨料及画义柄耳。

菊

　　吴中菊盛时，好事家必取数百本，五色相间，高下次列，以供赏玩，此以夸富贵客则可。若真能赏花者，必觅异种，用古盆盎植一枝两枝，茎挺而秀，叶密而肥，至花发时，置几榻间，坐卧把玩，乃为得花之性情。

甘菊惟荡口有一种，枝曲如偃盖，花密如铺锦者，最奇，余仅可收花以供服食。野菊宜著篱落间。种菊有六要二防之法：谓胎养、土宜、扶植、雨旸、修葺、灌溉、防虫，及雀作窠时必来摘叶。此皆园丁所宜知，又非吾辈事也。至如瓦料盆及合两瓦为盆者，不如无花为愈矣。

兰

兰出自闽中者为上，叶如剑芒，花高于叶，《离骚》所谓"秋兰兮青青，绿叶兮紫茎"者是也。次则赣州者亦佳，此俱山斋所不可少，然每处仅可置一盆，多则类虎丘花市。盆盎须觅旧龙泉、均州、内府、供春绝大者，忌用花缸、牛腿诸俗制。

四时培植。春日叶芽已发，盆土已肥，不可沃肥水，常以尘帚拂拭其叶，勿令尘垢。夏日花开叶嫩，勿以手摇动，待其长茂，然后拂拭。秋则微拨开根土，以米泔水少许注根下，勿渍污叶上。冬则安顿向阳暖室，天晴无风舁出，时时以盆转动。四面令匀，午后即收入，勿令霜雪侵之。若叶黑无花，则阴多故也。

治蚁虱，惟以大盆或缸盛水，浸逼花盆，则蚁自去。又治叶虱如白点，以水一盆，滴香油少许于内，用绵蘸水拂拭，亦自去矣。此艺兰简便法也。

又有一种出杭州者，曰"杭兰"；出阳羡山中者，名"兴兰"；一干数花者，曰"蕙"。此皆可移植石岩之下，须得彼中原本，则岁岁发花。

珍珠、风兰，俱不入品。箬兰，其叶如箬，似兰无馨，草花奇种。金粟兰，名"赛兰"，香特甚。

瓶花

堂供必高瓶大枝，方快人意。忌繁杂如缚，忌花瘦于瓶，忌香、烟、灯煤熏触，忌油手拈弄，忌井水贮瓶，味咸不宜于花，忌以插花水入口，梅花、秋海棠二种，其毒尤甚。冬月入硫黄于瓶中，则不冻。

盆玩

　　盆玩，时尚以列几案间者为第一，列庭榭中者次之，余持论则反是。最古者，以天目松为第一，高不过二尺，短不过尺许，其本如臂，其针若簇，结为马远之"欹斜诘屈"，郭熙之"露顶张拳"，刘松年之"偃亚层迭"，盛子昭之"拖拽轩翥"等状，栽以佳器，槎牙可观。

又有古梅，苍藓鳞皴，苔须垂满，含花吐叶，历久不败者，亦古。若如时尚作沉香片者，甚无谓。盖木片生花，有何趣味？真所谓以"耳食"者矣。

又有枸杞及水冬青、野榆、桧柏之属，根若龙蛇，不露束缚锯截痕者，俱高品也。其次则闽之水竹，杭之虎刺，尚在雅俗间。

乃若菖蒲九节，神仙所珍，见石则细，见土则粗，极难培养。吴人洗根浇水，竹翦修净，谓朝取叶间垂露，可以润眼，意极珍之。余谓此宜以石子铺一小庭，遍种其上，雨过青翠，自然生香。若盆中栽植，列几案间，殊为无谓，此与蟠桃、双果之类，俱未敢随俗作好也。

他如春之兰蕙，夏之夜合、黄香萱、夹竹桃花，秋之黄密矮菊，冬之短叶水仙及美人蕉诸种，俱可随时供玩。

　　盆以青绿古铜、白定、官哥等窑为第一，新制者五色内窑及供春粗料可用，余不入品。盆宜圆，不宜方，尤忌长狭。石以灵壁、英石、西山佐之，余亦不入品。斋中亦仅可置一二盆，不可多列。小者忌架于朱几，大者忌置于官砖，得旧石凳或古石莲磲为座，乃佳。

卷三　水石

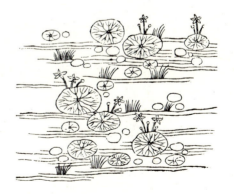

石令人古，水令人远，园林水石，最不可无。要须回环峭拔，安插得宜。一峰则太华千寻，一勺则江湖万里。又须修竹、老木、怪藤、丑树交覆角立，苍崖碧涧，奔泉汛流，如入深岩绝壑之中，乃为名区胜地。约略其名，匪一端矣。志《水石第三》。

广池

凿池自亩以及顷，愈广愈胜。最广者，中可置台榭之属，或长堤横隔，汀蒲、岸苇杂植其中，一望无际，乃称巨浸。

若须华整，以文石为岸，朱栏回绕，忌中留土，如俗名战鱼墩，或拟金、焦之类。池傍植垂柳，忌桃杏间种。中畜凫雁，须十数为群，方有生意。最广处可置水阁，必如图画中者佳。忌置簟舍。于岸侧植藕花，削竹为阑，勿令蔓衍。忌荷叶满池，不见水色。

小池

　　阶前石畔凿一小池，必须湖石四围，泉清可见底。中畜朱鱼、翠藻，游泳可玩。四周树野藤、细竹，能掘地稍深，引泉脉者更佳，忌方、圆、八角诸式。

瀑布

　　山居引泉，从高而下，为瀑布稍易，园林中欲作此，须截竹长短不一，尽承檐溜，暗接藏石罅中，以斧劈石垒高，下凿小池承水，置石林立其下，雨中能令飞泉溅薄，潺湲有声，亦一奇也。尤宜竹间松下，青葱掩映，更自可观。亦有蓄水于山顶，客至去闸，水从空直注者，终不如雨中承溜为雅。盖总属人为，此尤近自然耳。

凿井

　　井水味浊，不可供烹煮，然浇花洗竹，涤砚拭几，俱不可缺。凿井须于竹树之下，深见泉脉，上置辘轳引汲，不则盖一小亭覆之。石栏古号"银床"，取旧制最大而古置其上，井有神，井傍可置顽石，凿一小龛，遇岁时奠以清泉一杯，亦自有致。

天泉

秋水为上，梅水次之。秋水白而冽，梅水白而甘。春冬二水，春胜于冬。盖以和风甘雨，故夏月暴雨不宜，或因风雷蛟龙所致，最足伤人。雪为五谷之精，取以煎茶，最为幽况，然新者有土气，稍陈乃佳。承水用布，于中庭受之，不可用檐溜。

地泉

乳泉漫流如惠山泉为最胜，次取清寒者。泉不难于清，而难于寒。土多沙腻泥凝者，必不清寒。又有香而甘者。然甘易而香难，未有香而不甘者也。瀑涌湍急者，勿食，食久令人有头疾。如庐山水帘、天台瀑布，以供耳目则可，入水品则不宜。温泉下生硫黄，亦非食品。

流水

江水取去人远者，扬子南泠，夹石渟渊，特入首品。河流通泉窦者，必须汲置，候其澄澈，亦可食。

丹泉

名山大川，仙翁修炼之处，水中有丹，其味异常，能延年却病，此自然之丹液，不易得也。

品石

石以灵壁为上，英石次之，二种品甚贵，购之颇艰，大者尤不易得，高逾数尺者，便属奇品。小者可置几案间，色如漆，声如玉者最佳。横石以蜡地而峰峦峭拔者为上，俗言"灵壁无峰""英石无坡"。以余所见，亦不尽然。他石纹片粗大，绝无曲折、屼嵂、森耸峻嶒者。近更有以大块辰砂、石青、石绿为研山、盆石，最俗。

灵壁

出凤阳府宿州灵壁县，在深山沙土中，掘之乃见。有细白纹如玉，不起岩岫。佳者如卧牛、蟠螭，种种异状，真奇品也。

英石

出英州倒生岩下，以锯取之，故底平起峰，高有至三尺余者。小斋之前，叠一小山，最为清贵。然道远不易致。

太湖石

　　石在水中者为贵，岁久为波涛冲击，皆成空石，面面玲珑。在山上者名旱石，枯而不润，贋作弹窝，若历年岁久，斧痕已尽，亦为雅观。吴中所尚假山，皆用此石。又有小石久沉湖中，渔人网得之，与灵壁、英石亦颇相类，第声不清响。

尧峰石

近时始出，苔藓丛生，古朴可爱。以未经采凿，山中甚多，但不玲珑耳。然正以不玲珑，故佳。

昆山石

出昆山马鞍山下，生于山中，掘之乃得，以色白者为贵。有鸡骨片、胡桃块二种，然亦俗尚，非雅物也。间有高七八尺者，置之古大石盆中，亦可。此山皆火石，火气暖，故栽菖蒲等物于上，最茂。惟不可置几案及盆盎中。

锦川 将乐 羊肚

石品惟此三种最下，锦川尤恶。每见人家石假山，辄置数峰于上，不知何味。斧劈以大而顽者为雅，若置立一片，亦最可厌。

土玛瑙

出山东兖州府沂州，花纹如玛瑙，红多而细润者佳。有红丝石，白地上有赤红纹。有竹叶玛瑙，花斑与竹叶相类，故名。此俱可锯板，嵌几、榻、屏风之类，非贵品也。

石子五色，或大如拳，或小如豆，中有禽、鱼、鸟、兽、人物、方胜、回纹之形，置青绿小盆，或宣窑白盆内，斑然可玩。其价甚贵，亦不易得，然斋中不可多置。近见人家环列数盆，竟如贾肆。

新都人有名"醉石斋"者，闻其藏石甚富且奇。其地溪涧中，另有纯红纯绿者，亦可爱玩。

大理石

　　出滇中，白若玉，黑若墨为贵。白微带青，黑微带灰者，皆下品。但得旧石，天成山水云烟，如"米家山"，此为无上佳品。古人以相屏风，近始作几榻，终为非古。近京口一种，与大理相似，但花色不清，用药填之为山云泉石，亦可得高价。然真伪亦易辨，真者更以旧为贵。

永石

　　即祁阳石，出楚中。石不坚，色好者有山、水、日、月、人物之象。紫花者稍胜，然多是刀刮成，非自然者，以手摸之，凹凸者可验。大者以制屏亦雅。

卷四　禽鱼

语鸟拂阁以低飞，游鱼排荇而径度，幽人会心，辄令竟日忘倦。顾声音颜色，饮啄态度，远而巢居穴处，眠沙泳浦，戏广浮深，近而穿屋贺厦，知岁司晨啼春噪晚者，品类不可胜纪。丹林绿水，岂令凡俗之品阑入其中。故必疏其雅洁，可供清玩者数种，令童子爱养饵饲，得其性情，庶几驯鸟雀，狎凫鱼，亦山林之经济也。志《禽鱼第四》。

鹤

　　华亭鹤窠村所出，具体高俊，绿足龟文，最为可爱。江陵鹤津、维扬俱有之。相鹤但取标格奇俊，唳声清亮，颈欲细而长，足欲瘦而节，身欲人立，背欲直削。

　　蓄之者当筑广台，或高冈土垄之上，居以茅庵，邻以池沼，饲以鱼谷。欲教以舞，俟其饥，置食于空野，使童子拊掌顿足以诱之。习之既熟，一闻拊掌，即便起舞，谓之食化。空林别墅，白石青松，惟此君最宜。其余羽族，俱未入品。

鸂鶒

鸂鶒能敕水，故水族不能害。蓄之者，宜于广池巨浸，十数为群，翠毛朱喙，灿然水中。他如乌喙白鸭，亦可蓄一二，以代鹅群，曲栏垂柳之下，游泳可玩。

鹦鹉

鹦鹉能言，然须教以小诗及韵语，不可令闻井市鄙俚之谈，聒然盈耳。铜架食缸，俱须精巧。然此鸟及锦鸡、孔雀、倒挂、吐绶诸种，皆断为闺阁中物，非幽人所需也。

百舌　画眉　鹳鹆

饲养驯熟，绵蛮软语，百种杂出，俱极可听，然亦非幽斋所宜。或于曲廊之下，雕笼画槛，点缀景色则可，吴中最尚此鸟。余谓有禽癖者，当觅茂林高树，听其自然弄声，尤觉可爱。更有小鸟名黄头，好斗，形既不雅，尤属无谓。

朱鱼

朱鱼独盛吴中，以色如辰州朱砂故名。此种最宜盆蓄，有红而带黄色者，仅可点缀陂池。

鱼类

初尚纯红、纯白，继尚金盔、金鞍、锦被，及印头红、裹头红、连腮红、首尾红、鹤顶红，继又尚墨眼、雪眼、朱眼、紫眼、玛瑙眼、琥珀眼、金管、银管，时尚极以为贵。

又有堆金砌玉、落花流水、莲台八瓣、隔断红尘、玉带围、梅花片、波浪纹、七星纹种种变态，难以尽述，然亦随意定名，无定式也。

蓝鱼　白鱼

蓝如翠，白如雪，迫而视之，肠胃俱见，即朱鱼别种，亦贵甚。

鱼尾

自二尾以至九尾，皆有之，第美钟于尾，身材未必佳。盖鱼身必洪纤合度，骨肉停匀，花色鲜明，方入格。

观鱼

宜早起，日未出时，不论陂池、盆盎，鱼皆荡漾
于清泉碧沼之间。又宜凉天夜月倒影插波，时时惊鳞
泼刺，耳目为醒。至如微风披拂，琮琮成韵，雨过新
涨，縠纹皱绿，皆观鱼之佳境也。

吸水

盆中换水一两日，即底积垢腻，宜用湘竹一段，
作吸水筒吸去之。倘过时不吸，色便不鲜美。故佳鱼，
池中断不可蓄。

水缸

　　有古铜缸，大可容二石，青绿四裹，古人不知何用？当是穴中注油点灯之物，今取以蓄鱼，最古。其次以五色内府、官窑、瓷州所烧纯白者，亦可用。惟不可用宜兴所烧花缸，及七石牛腿诸俗式。余所以列此者，实以备清玩一种，若必按图而索，亦为板俗。

卷五 书画

金生于山，珠产于渊，取之不穷，犹为天下所珍惜，况图画在宇宙，岁月既久，名人艺士，不能复生，可不珍秘宝爱？一入俗子之手，动见劳辱，卷舒失所，操揉燥裂，真书画之厄也。

故有收藏而未能识鉴，识鉴而未善阅玩，阅玩而不能装褫，装褫而不能铨次，皆非能真蓄书画者。

又蓄聚既多，妍媸混杂，甲乙次第，毫不可讹。若使真赝并陈，新旧错出，如入贾胡肆中，有何趣味？所藏必有晋、唐、宋、元名迹，乃称博古。若徒取近代纸墨，较量真伪，心无真赏，以耳为目，手执卷轴，口论贵贱，真恶道也。志《书画第五》。

论书

观古法书，当澄心定虑，先观用笔结体，精神照应；次观人为天巧、自然强作；次考古今跋尾，相传来历；次辨收藏印识、纸色、绢素。或得结构而不得锋芒者，模本也。得笔意而不得位置者，临本也。笔势不联属，字形如算子者，集书也。形迹虽存，而真彩神气索然者，双钩也。

又古人用墨，无论燥润肥瘦，俱透入纸素，后人伪作，墨浮而易辩。

论画

山水第一，竹、树、兰、石次之，人物、鸟兽、楼殿、屋木小者次之，大者又次之。

人物顾盼语言，花果迎风带露，鸟兽虫鱼精神逼真，山水林泉清闲幽旷，屋庐深邃，桥彴往来，石老而润，水淡而明，山势崔嵬，泉流洒落，云烟出没，野径纡回，松偃龙蛇，竹藏风雨，山脚入水澄清，水源来历分晓，有此数端，虽不知名，定是妙手。

若人物如尸如塑，花果类粉捏雕刻，虫鱼鸟兽但取皮毛，山水林泉布置迫塞，楼阁模糊错杂，桥彴强作断形，径无夷险，路无出入，石止一面，树少四枝，或高大不称，或远近不分，或浓淡失宜，点染无法，或山脚无水面，水源无来历，虽有名款，定是俗笔，为后人填写。至于临摹赝手，落墨设色，自然不古，不难辨也。

书画价

书价以正书为标准，如右军草书一百字，乃敌一行行书，三行行书，敌一行正书，至于《乐毅》《黄庭》《画赞》《告誓》，但得成篇，不可计以字数。

画价亦然。山水竹石，古名贤像，可当正书。人物花鸟，小者可当行书，人物大者及神图佛像、宫室楼阁、走兽虫鱼，可当草书。若夫台阁标功臣之烈，宫殿彰贞节之名，妙将入神，灵则通圣，开厨或失、挂壁欲飞，但涉奇事异名，即为无价国宝。

又书画原为雅道，一作牛鬼蛇神，不可诘识，无论古今名手，俱落第二。

古今优劣

书学必以时代为限，六朝不及晋魏，宋元不及六朝与唐。画则不然，佛道、人物、仕女、牛马，近不及古；山水、林石、花竹、禽鱼，古不及近。

如顾恺之、陆探微、张僧繇、吴道玄及阎立德、立本，皆纯重雅正，性出天然。周昉、韩幹、戴嵩，气韵骨法，皆出意表，后之学者，终莫能及。

至如李成、关仝、范宽、董源、徐熙、黄筌、居寀、二米，胜国松雪、大痴、元镇、叔明诸公，近代唐、沈及吾家太史、和州辈，皆不藉师资，穷工极致，借使二李复生，边鸾再出，亦何以措手其间？

故蓄书必远求上古，蓄画始自顾、陆、张、吴，下至嘉隆名笔，皆有奇观，惟近时点染诸公，则未敢轻议。

粉本

古人画稿，谓之粉本，前辈多宝蓄之，盖其草草不经意处，有自然之妙。宣和、绍兴所藏粉本，多有神妙者。

赏鉴

看书画如对美人，不可毫涉粗浮之气，盖古画纸绢皆脆，舒卷不得法，最易损坏。尤不可近风日。灯下不可看画，恐落煤烬，及为烛泪所污。饭后醉余，欲观卷轴，须以净水涤手。展玩之际，不可以指甲剔损。诸如此类，不可枚举。

然必欲事事勿犯，又恐涉强作清态。惟遇真能赏鉴，及阅古甚富者，方可与谈。若对伧父辈，惟有珍秘不出耳。

绢素

　　古画绢色墨气，自有一种古香可爱，惟佛像有香烟熏黑，多是上下二色。伪作者，其色黄而不精采。古绢，自然破者，必有鲫鱼口，须连三四丝，伪作则直裂。

　　唐绢丝粗而厚，或有捣熟者，有独梭绢，阔四尺余者。五代绢极粗如布。宋有院绢，匀净厚密，亦有独梭绢，阔五尺余，细密如纸者。元绢及国朝内府绢俱与宋绢同。胜国时有宓机绢，松雪、子昭画多用此，盖出嘉兴府宓家，以绢得名，今此地尚有佳者。近董太史笔，多用砑光白绫，未免有进贤气。

御府书画

　　宋徽宗御府所藏书画，俱是御书标题，后用宣和年号，"玉瓢御宝"记之。题画书于引首一条，阔仅指大，傍有木印黑字一行，俱装池匠花押名款，然亦真伪相杂，盖当时名手临摹之作，皆题为真迹。至明昌所题更多，然今人得之，亦可谓买王得羊矣。

院画

　　宋画院众工，凡作一画，必先呈稿本，然后上真，所画山水、人物、花木、鸟兽，皆是无名者。今国朝内画水陆及佛像亦然，金碧辉灿，亦奇物也。今人见无名人画，辄以形似，填写名款，觅高价，如见牛必戴嵩，见马必韩幹之类，皆为可笑。

单条

宋元古画，断无此式，盖今时俗制，而人绝好之。斋中悬挂，俗气逼人眉睫，即果真迹，亦当减价。

名家

书画名家，收藏不可错杂，大者悬挂斋壁，小者则为卷册，置几案间。邃古篆籀，如锺、张、卫、索、顾、陆、张、吴，及历代不甚著名者，不能具论。

书则右军、大令、智永、虞永兴、褚河南、欧阳率更、唐玄宗、怀素、颜鲁公、柳诚悬、张长史、李怀琳、宋高宗、李建中、二苏、二米、范文正、黄鲁直、蔡忠惠、苏沧浪、薛绍彭、黄长睿、薛道祖、范文穆、张即之、先信国、赵吴兴、鲜于伯机、康里子山、张伯雨、倪元镇、俞紫芝、杨铁崖、柯丹丘、袁清容、危太素。

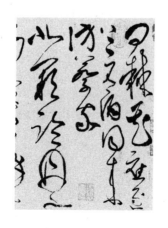

我朝则宋文宪濂、中书舍人燧、方逊志孝孺、宋南宫克、沈学士度、俞紫芝和、徐武功有贞、金元玉琮、沈大理粲、解学士大绅、钱文通溥、桑柳州悦、祝京兆允明、吴文定宽、先太史讳徵明、王太学宠、李太仆应祯、王文恪鏊、唐解元寅、顾尚书璘、丰考功坊、先两博士彭嘉、王吏部縠祥、陆文裕深、彭孔嘉年、陆尚宝师道、陈方伯鎏、蔡孔目羽、陈山人淳、张孝廉凤翼、王徵君稚登、周山人天球、邢侍御侗、董太史其昌。

　　又如陈文东璧、姜中书立纲，虽不能洗院气，而亦铮铮有名者。

画则王右丞、李思训父子、周昉、董北苑、李营丘、郭河阳、米南宫、宋徽宗、米元晖、崔白、黄筌、居寀、文与可、李伯时、郭忠恕、董仲翔、苏文忠、苏叔党、王晋卿、张舜民、杨补之、杨季衡、陈容、李唐、马远、马逵、夏珪、范宽、关仝、荆浩、李山、赵松雪、管仲姬、赵仲穆、赵千里、李息斋、吴仲圭、钱舜举、盛子昭、陈珏、陈仲美、陆天游、曹云西、唐子华、王元章、高士安、高克恭、王叔明、黄子久、倪元镇、柯丹丘、方方壶、戴文进、王孟端、夏太常、赵善长、陈惟允、徐幼文、张来仪、宋南宫、周东村、沈贞吉、恒吉、沈石田、杜东原、刘完庵、先太史、先和州、五峰、唐解元、张梦晋、周官、谢时臣、陈道复、仇十洲、钱叔宝、陆叔平，皆名笔不可缺者。他非所宜蓄，即有之，亦不当出以示人。

又如郑颠仙、张复阳、钟钦礼、蒋三松、张平山、汪海云，皆画中邪学，尤非所尚。

宋绣　宋刻丝

宋绣，针线细密，设色精妙，光彩射目，山水分远近之趣，楼阁得深邃之体，人物具瞻眺生动之情，花鸟极绰约嚶哢之态，不可不蓄一二幅，以备画中一种。

装潢

　　装潢书画，秋为上时，春为中时，夏为下时，暑湿及沍寒俱不可装裱。勿以熟纸，背必皱起。宜用白滑漫薄大幅生纸，纸缝先避人面及接处，若缝缝相接，则卷舒缓急有损，必令参差其缝，则气力均平，太硬则强急，太薄则失力。绢素彩色重者，不可捣理。古画有积年尘埃，用皂荚清水数宿，托于太平案扦去，画复鲜明，色亦不落。

　　补缀之法，以油纸衬之，直其边际，密其隟缝，正其经纬，就其形制，拾其遗脱，厚薄均调，润洁平稳。又，凡书画法帖，不脱落，不宜数装背，一装背，则一损精神。古纸厚者，必不可揭薄。

法糊

用瓦盆盛水，以面一斤渗水上，任其浮沉，夏五日，冬十日，以臭为度。后用清水蘸白芨半两、白矾三分，去滓和元浸面打成，就锅内打成团，另换水煮熟，去水，倾置一器，候冷，日换水浸，临用以汤调开，忌用浓糊及敝帚。

装裱定式

　　上下天地须用皂绫龙凤云鹤等样，不可用团花及葱白、月白二色。二垂带用白绫，阔一寸许，乌丝粗界画二条，玉池白绫亦用前花样。书画小者须挖嵌，用淡月白画绢，上嵌金黄绫条，阔半寸许，盖宣和裱法，用以题识，旁用沉香皮条边，大者四面用白绫，或单用皮条边亦可。

参书有旧人题跋，不宜剪削，无题跋则断不可用。画卷有高头者不须嵌，不则亦以细画绢挖嵌。引首须用宋经笺、白宋笺及宋、元金花笺，或高丽茧纸、日本画纸俱可。大幅上引首五寸，下引首四寸，小全幅上引首四寸，下引首三寸，上裱除撅竹外，净二尺，下裱除轴净一尺五寸，横卷长二尺者，引首阔五寸，前裱阔一尺，余俱以是为率。

褾轴

古人有镂沉檀为轴身，以裹金、鎏金、白玉、水晶、琥珀、玛瑙、杂宝为饰，贵重可观，盖白檀香洁去虫，取以为身，最有深意。今既不能如旧制，只以杉木为身。用犀、象、角玉种，雕如旧式，不可用紫檀、花梨、法蓝诸俗制。画卷唐上轴，形制既小，不妨以宝玉为之，断不可用平轴。签以犀、玉为之，曾见宋玉签半嵌锦带内者，最奇。

裱锦

古有樗蒲锦、楼阁锦、紫驼花、鸾章锦、朱雀锦、凤皇锦、走龙锦、翻鸿锦,皆御府中物。有海马锦、龟纹锦、粟地锦、皮球锦,皆宣和绫,及宋绣花鸟、山水,为装池卷首,最古。今所尚落花流水锦,亦可用,惟不可用宋段及纻绢等物。带用锦带,亦有宋织者。

藏画

以杉、梌木为匣，匣内切勿油漆、糊纸，恐惹霉湿，四五月，先将画幅幅展看，微见日色，收起入匣，去地丈余，庶免霉白。平时张挂，须三五日一易，则不厌观，不惹尘湿。收起时，先拂去两面尘垢，则质地不损。

小画匣

短轴作横面开门匣，画直放入，轴头贴签，标写某书某画，甚便取看。

卷画

须顾边齐，不宜局促，不可太宽，不可着力卷紧，恐急裂绢素。拭抹用软绢细细拂之，不可以手托起画轴就观，多致损裂。

法帖

历代名家碑刻，当以《淳化阁帖》压卷，侍书王著勒，末有篆题者是。

蔡京奉旨摹者，曰《太清楼帖》；僧希白所摹者，曰《潭帖》；尚书郎潘思旦所摹者，曰《绛帖》；王寀辅道守汝州所刻者，曰《汝帖》；宋许提举刻于临江者，曰《二王帖》；元祐中刻者，曰《秘阁续帖》；淳熙年刻者，曰《修内司本》。高宗访求遗书，于淳熙阁摹刻者，曰《淳熙秘阁续帖》；南唐后主命徐铉勒石，在淳化之前者，曰《昇元帖》；刘次庄摹阁帖，除去篆题年月，而增入释文者，曰《戏元堂帖》。

武冈军重摹绛帖，曰《武冈帖》；上蔡人临摹绛帖，曰《蔡州帖》；赵彦约于南康所刻，曰《星凤楼帖》；庐江李氏刻，曰《甲秀堂帖》；黔人秦世章所刻，曰《黔江帖》；泉州重摹阁帖，曰《泉帖》；韩平原所刻，曰《群玉堂帖》；薛绍彭所刻，曰《家塾帖》；曹之格日新所刻，曰《宝晋斋帖》；王庭筠所刻，曰《雪谿堂帖》；周府所刻，曰《东书堂帖》；吾家所刻，曰《停云馆帖》《小停云帖》；华氏刻，曰《真赏斋帖》。皆帖中名刻，摹勒皆精。

又如历代名帖，收藏不可缺者，周、秦、汉则史籀篆《石鼓文》、坛山石刻，李斯篆泰山、朐山、峄山诸碑，《秦誓》《诅楚文》，章帝《草书帖》，蔡邕《淳于长夏承碑》《郭有道碑》《九疑山碑》《边韶碑》《宣父碑》《北岳碑》，崔子玉《张平子墓碑》，郭香察隶《西岳华山碑》。

魏帖：则元帝《贺捷表》《大飨碑》《荐季直表》《受禅碑》《上尊号碑》《宗圣侯碑》、刘玄州《华岳碑》。吴帖：则《国山碑》《延陵季子二碑》。

晋帖：则《兰亭记》《笔阵图》《黄庭经》《圣教序》《乐毅论》《周府君碑》《东方朔赞》《洛神赋》《曹娥碑》《告墓文》《摄山寺碑》《裴雄碑》《兴福寺碑》《宣示帖》《平西将军墓铭》《梁思楚碑》，羊祜《岘山碑》，索靖《出师颂》。

宋、齐、梁、陈帖：则《宋文帝神道碑》，齐倪桂《金庭观碑》，齐《南阳寺隶书碑》，梁《茅君碑》《瘗鹤铭》、刘灵《正堕泪碑》。

魏、齐、周帖：则有魏裴思顺《教戒经》；北齐王思诚《八分茅山碑》、后周《大宗伯唐景碑》、萧子云《章草出师颂》《天柱山铭》。

　　隋帖：则有《开皇兰亭》，薛道衡书《朱厂碑》《舍利塔铭》《龙藏寺碑》，智永《真行二体千文》《草书兰亭》。

唐帖：欧书则《九成宫铭》《房定公墓碑》《化度寺碑》《皇甫君碑》《虞恭公碑》《真书千文小楷》《心经》《梦奠帖》《金兰帖》。

虞书则《夫子庙堂碑》《破邪论》《宝昙塔铭》《阴圣道场碑》《汝南公主碑》《赞法师碑》。

褚书则《乐毅论》《哀册文》《忠臣像赞》《龙马图赞》《临摹兰亭》《临摹圣教》《阴符经》《度人经》《紫阳观碑》。

柳书则《金刚经》《玄秘塔铭》。

颜书则《争坐位帖》《麻姑仙坛》《二祭文》《家庙碑》《元次山碑》《多宝寺碑》《放生池碑》《射堂记》《北岳庙碑》《草书千文》《磨崖碑》《干禄字帖》。

怀素书则《自序三种》《草书千文》《圣母帖》《藏真律公二帖》。

李北海书则《阴符经》《娑罗树碑》《曹娥碑》《秦望山碑》《臧怀庇碑》《有道先生叶公碑》《岳麓寺碑》《开元寺碑》《荆门行》《云麾将军碑》《李思训碑》《戒坛碑》。

太宗书《魏徵碑》《屏风帖》《李勣碑》；玄宗《一行禅师塔铭》《孝经》《金仙公主碑》。

孙过庭《书谱》；柳公绰《诸葛庙堂碑》；李阳冰《篆书千文》《城隍庙碑》《孔子庙碑》；欧阳通《道因禅师碑》；薛稷《升仙太子碑》；张旭《草书千文》；僧行敦《遗教经》。

宋则苏、米诸公，如《洋州园池》《天马赋》等类。元则赵松雪。国朝则二宋诸公，所书佳者，亦当兼收，以供赏鉴，不必太杂。

南北纸墨

古之北纸，其纹横，质松而厚，不受墨；北墨色青而浅，不和油蜡，故色淡而纹皱，谓之"蝉翅拓"。南纸其纹竖，用油蜡，故色纯黑而有浮光，谓之"乌金拓"。

古今帖辨

古帖历年久而裱数多，其墨浓者，坚若生漆，纸面光彩如砑，并无沁墨水迹侵染，且有一种异馨，发自纸墨之外。

装帖

古帖宜以文木薄一分许为板，面上刻碑额卷数。次则用厚纸五分许，以古色锦或青花白地锦为面，不可用绫及杂彩色。更须制匣以藏之，宜少方阔，不可狭长、阔狭不等，以白鹿纸厢边，不可用绢。十册为匣，大小如一式，乃佳。

宋板

　　藏书贵宋刻，大都书写肥瘦有则。佳者有欧、柳笔法，纸质匀洁，墨色清润，至于格用单边，字多讳笔，虽辨证之一端，然非考据要诀也。

　　书以班、范二书、《左传》《国语》《老》《庄》《史记》《文选》，诸子为第一，名家诗文、杂记、道释等书次之。纸白板新，绵纸者为上，竹纸活衬者亦可观。糊背批点，不蓄可也。

悬画月令

岁朝宜宋画福神及古名贤像。元宵前后宜看灯、傀儡，正、二月宜春游、仕女、梅、杏、山茶、玉兰、桃、李之属，三月三日，宜宋画真武像，清明前后宜牡丹、芍药，四月八日，宜宋元人画佛及宋绣佛像，十四宜宋画纯阳像，端午宜真人、玉符，及宋元名笔端阳景、龙舟、艾虎、五毒之类，六月宜宋元大楼阁、大幅山水、蒙密树石、大幅云山、采莲、避暑等图。

七夕宜穿针乞巧、天孙织女、楼阁、芭蕉、仕女等图，八月宜古桂、或天香、书屋等图，九、十月宜菊花、芙蓉、秋江、秋山、枫林等图，十一月宜雪景、腊梅、水仙、醉杨妃等图，十二月宜钟馗、迎福、驱魅、嫁妹，腊月廿五，宜玉帝、五色云车等图。

至如移家则有葛仙移居等图，称寿则有院画寿星、王母等图。祈晴则有东君，祈雨则有古画风雨神龙、春雷起蛰等图，立春则有东皇太乙等图，皆随时悬挂，以见岁时节序。若大幅神图，及杏花燕子、纸帐梅、过墙梅、松柏、鹤鹿、寿星之类，一落俗套，断不宜悬。至如宋元小景，枯木、竹石四幅大景，又不当以时序论也。

卷六 几榻

古人制几榻，虽长短广狭不齐，置之斋室，必古雅可爱，又坐卧依凭，无不便适。燕衎之暇，以之展经史，阅书画，陈鼎彝，罗肴核，施枕簟，何施不可。今人制作，徒取雕绘文饰，以悦俗眼，而古制荡然，令人慨叹实深。志《几榻第六》。

榻

坐高一尺二寸，屏高一尺三寸，长七尺有奇，横二尺五寸，周设木格，中实湘竹，下座不虚。三面靠背，后背与两傍等，此榻之定式也。有古断纹者，有元螺钿者，其制自然古雅。忌有四足，或为螳螂腿，下承以板，则可。

近有大理石镶者，有退光朱黑漆中刻竹树以粉填者，有新螺钿者，大非雅器。他如花楠、紫檀、乌木、花梨，照旧式制成，俱可用。

一改长大诸式，虽曰美观，俱落俗套。更见元制榻，有长一丈五尺，阔二尺余，上无屏者，盖古人连床夜卧，以足抵足，其制亦古，然今却不适用。

短榻

高尺许，长四尺，置之佛堂、书斋，可以习静坐禅，谈玄挥麈，更便斜倚，俗名"弥勒榻"。

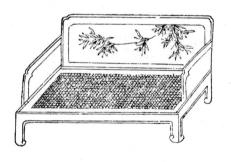

曲几

以怪树天生屈曲若环若带之半者为之，横生三足，出自天然，摩弄滑泽，置之榻上或蒲团，可倚手顿颡。又见图画中有古人架足而卧者，制亦奇古。

禅椅

以天台藤为之，或得古树根，如虬龙诘曲臃肿，槎牙四出，可挂瓢笠及数珠、瓶钵等器。更须莹滑如玉，不露斧斤者为佳。近见有以五色芝粘其上者，颇为添足。

天然几

以文木如梨花、铁梨、香楠等木为之。第以阔大为贵，长不可过八尺，厚不可过五寸，飞角处不可太尖，须平圆，乃古式。照倭几下有拖尾者，更奇，不可用四足如书桌式；或以古树根承之，不则用木，如台面阔厚者，空其中，略雕云头、如意之数类；不可雕龙凤花草诸俗式。近时所制，狭而长者，最可厌。

书桌

中心取阔大，四周厢边，阔仅半寸许，足稍矮而细，则其制自古。凡狭长混角诸俗式，俱不可用。漆者尤俗。

壁桌

长短不拘，但不可过阔，飞云、起角、螳螂足诸式，俱可供佛。或用大理及祁阳石镶者，出旧制，亦可。

方桌

旧漆者最佳，要取极方大古朴，列坐可十数人者，以供展玩书画。若近制八仙等式，仅可供宴集，非雅器也。燕几别有谱图。

台几

倭人所制，种类大小不一，俱极古雅精丽，有镀金镶四角者，有嵌金银片者，有暗花者，价俱甚贵。近时仿旧式为之，亦有佳者，以置尊彝之属，最古。若红漆、狭小、三角诸式，俱不可用。

椅

椅之制最多，曾见元螺钿椅，大可容二人，其制最古；乌木镶大理石者，最称贵重，然亦须照古式为之。总之，宜矮不宜高，宜阔不宜狭，其折叠单靠、吴江竹椅、专诸禅椅诸俗式，断不可用。踏足处，须以竹镶之，庶历久不坏。

机

机有二式，方者四面平等，长者亦可容二人并坐。圆机须大，四足彭出。古亦有螺钿朱黑漆者，竹机及绦环诸俗式，不可用。

凳

凳亦用狭边镶者为雅；以川柏为心，以乌木镶之，最古。不则竟用杂木，黑漆者亦可用。

交床

即古胡床之式，两脚有嵌银、银铰钉圆本木者，携以山游，或舟中用之，最便。金漆折叠者，俗不堪用。

橱

　　藏书橱须可容万卷，愈阔愈古，惟深仅可容一册。即阔至丈余，门必用二扇，不可用四及六。小橱以有座者为雅，四足者差俗，即用足，亦必高尺余。下用橱殿，仅宜二尺，不则两橱叠置矣。橱殿以空如一架者为雅。小橱有方二尺余者，以置古铜玉小器为宜。大者用杉木为之，可辟蠹，小者以湘妃竹及豆瓣楠、赤水、椤木为古。黑漆断纹者为甲品，杂木亦俱可用，但式贵去俗耳。铰钉忌用白铜，以紫铜照旧式，两头尖如梭子，不用钉钉者为佳。

竹橱及小木直楞，一则市肆中物，一则药室中物，俱不可用。小者有内府填漆，有日本所制，皆奇品也。经橱用朱漆，式稍方，以经册多长耳。

架

书架有大小二式，大者高七尺余，阔倍之。上设十二格，每格仅可容书十册，以便检取。下格不可置书，以近地卑湿故也，足亦当稍高。小者可置几上，二格平头、方木、竹架及朱黑漆者俱不堪用。

佛橱　佛桌

用朱黑漆，须极华整，而无脂粉气。有内府雕花者，有古漆断纹者，有日本制者，俱自然古雅。近有以断纹器凑成者，若制作不俗，亦自可用。若新漆八角委角及建窑佛像，断不可用也。

床

以宋元断纹小漆床为第一，次则内府所制独眠床，又次则小木出高手匠作者亦自可用。永嘉、粤东有折叠者，舟中携置亦便。若竹床及飘檐、拔步、彩漆、卍字、回纹等式，俱俗。近有以柏木琢细如竹者，甚精，宜闺阁及小斋中。

箱

倭箱黑漆篏金银片，大者盈尺，其铰钉锁钥俱奇巧绝伦，以置古玉重器或晋唐小卷最宜。又有一种差大，式亦古雅，作方胜、缨络等花者，其轻如纸，亦可置卷轴、香药、杂玩，斋中宜多畜以备用。又有一种古断纹者，上员下方，乃古人经箱，以置佛座间，亦不俗。

屏

屏风之制最古，以大理石镶下座，精细者为贵。次则祁阳石，又次则花蕊石。不得旧者，亦须仿旧式为之，若纸糊及围屏、木屏，俱不入品。

脚凳

以木制滚凳，长二尺，阔六寸，高如常式，中分一档，内二空，中车圆木二根，两头留轴转动，以脚踹轴，滚动往来，盖涌泉穴精气所生，以运动为妙。竹踏凳方而大者，亦可用。古琴砖有狭小者，夏月用作踏凳，甚凉。

卷七　器具

古人制器尚用，不惜所费。故制作极备，非若后人苟且。上至钟、鼎、刀、剑、盘、匜之属，下至隃糜、侧理，皆以精良为乐，匪徒铭金石尚款识而已。今人见闻不广，又习见时世所尚，遂至雅俗莫辨，更有专事绚丽目不识古，轩窗几案毫无韵事，而侈言陈设，未之敢轻许也。志《器具第七》。

香炉

　　三代、秦、汉鼎彝，及官、哥、定窑、龙泉、宣窑，皆以备赏鉴，非日用所宜。惟宣铜彝炉稍大者，最为适用。宋姜铸亦可，惟不可用神炉、太乙及鎏金白铜双鱼、象鬲之类。尤忌者，云间、潘铜、胡铜所铸八吉祥、倭景、百钉诸俗式，及新制建窑、五色花窑等炉。又古青绿博山亦可间用。木鼎可置山中，石鼎惟以供佛，余俱不入品。

　　古人鼎彝，俱有底盖，今人以木为之。乌木者最上，紫檀、花梨俱可，忌菱花、葵花诸俗式。炉顶以宋玉帽顶及角端、海兽诸样，随炉大小配之。玛瑙水晶之属，旧者亦可用。

香盒

宋剔合色如珊瑚者为上。古有一剑环、二花草、三人物之说。又有五色漆胎，刻法深浅，随妆露色，如红花、绿叶、黄心、黑石者次之。有倭盒三子、五子者，有倭撞金银片者，有果园厂，大小二种，底盖各置一厂，花色不等。故以一合为贵。有内府填漆合，俱可用。小者有定窑、饶窑蔗段、串铃二式，余不入品。尤忌描金及书金字，徽人剔漆并磁合，即宣成、嘉隆等窑，俱不可用。

隔火

炉中不可断火，即不焚香，使其长温，方有意趣。且灰燥易然，谓之活灰。隔火砂片第一，定片次之，玉片又次之。金银不可用，以火浣布如钱大者，银镶四围，供用尤妙。

匙箸

紫铜者佳，云间胡文明及南都白铜者亦可用。忌用金银及长大填花诸式。

箸瓶

官、哥、定窑者虽佳，不宜日用。吴中近制短颈细孔者，插箸下重不仆，铜者不入品。

袖炉

熏衣炙手，袖炉最不可少。以倭制漏空罩盖漆鼓为上。新制轻重方圆二式，俱俗制也。

手炉

以古铜青绿大盆及簠簋之属为之，宣铜兽头三脚
鼓炉亦可用，惟不可用黄白铜及紫檀、花梨等架。脚
炉旧铸有颒仰莲坐细钱纹者，有形如匣者最雅。被炉
有香球等式，俱俗，竟废不用。

香筒

旧者有李文甫所制，中雕花鸟竹石，略以古筒为
贵。若太涉脂粉，或雕镂故事人物，便称俗品，亦不
必置怀袖间。

笔格

　　笔格虽为古制，然既用研山，如灵璧、英石，峰峦起伏，不露斧凿者为之，此式可废。古玉有山形者，有旧玉子母猫，长六七寸，白玉为母，余取玉玷或纯黄、纯黑、玳瑁之类为子者。古铜有镵金双螭挽格，有十二峰为格，有单螭起伏为格。窑器有白定三山、五山及卧花哇者，俱藏以供玩，不必置几研间。俗子有以老树根枝蟠曲万状，或为龙形，爪牙俱备者，此俱最忌，不可用。

笔床

笔床之制，世不多见。有古鎏金者，长六七寸，高寸二分，阔二寸余，上可卧笔四矢，然形如一架，最不美观。即旧式，可废也。

笔屏

镶以插笔，亦不雅观。有宋内制方圆玉花版，有大理旧石，方不盈尺者，置几案间，亦为可厌，废此式可也。

笔筒

湘竹、栟榈者佳，毛竹以古铜镶者为雅，紫檀、乌木、花梨亦间可用，忌八棱菱花式。陶者有古白定竹节者，最贵，然艰得大者。冬青磁细花及宣窑者，俱可用，又有鼓样中有孔插笔及墨者，虽旧物，亦不雅观。

笔船

紫檀、乌木细镶竹篾者用，惟不可以牙、玉为之。

笔洗

玉者有钵盂洗、长方洗、玉环洗。古铜者有古镶金小洗，有青绿小盂，有小釜、小卮、匜，此五物原非笔洗，今用作洗最佳。陶者有官、哥葵花洗、磬口洗、四卷荷叶洗、卷口帘段洗。龙泉有双鱼洗、菊花洗、百摺洗。定窑有三篐洗、梅花洗、方池洗。宣窑有鱼藻洗、葵瓣洗、磬口洗、鼓样洗，俱可用。忌绦环及青白相间诸式，又有中盏作洗，边盘作笔觇者，此不可用。

笔觇

定窑、龙泉小浅碟俱佳，水晶、琉璃诸式俱不雅，有玉碾片叶为之者尤俗。

水中丞

铜性猛，贮水久则有毒，易脆笔，故必以陶者为佳。古铜入土岁久，与窑器同，惟宣铜则断不可用。玉者有元口瓮，腹大仅如拳，古人不知何用？今以盛水，甚佳。古铜者有小尊罍小甗之属，俱可用。陶者有官、哥瓮肚小口钵盂诸式。近有陆子冈所制兽面锦地与古尊罍同者，虽佳器，然不入品。

水注

　　古铜玉俱有辟邪、蟾蜍、天鸡、天鹿、半身鸬鹚杓、镂金雁壶诸式滴子，一合者为佳。有铜铸眠牛，以牧童骑牛作注管者，最俗。大抵铸为人形，即非雅器。又有犀牛、天禄、龟、龙、天马口衔小盂者，皆古人注油点灯，非水滴也。陶者官、哥、白定、方圆立瓜、卧瓜、双桃、莲、蒂、叶、茄、壶诸式，宣窑有五采桃注、石榴、双瓜、双鸳诸式，俱不如铜者为雅。

糊斗

有古铜有盖小提卣大如拳，上有提梁索股者，有瓷肚如小酒杯式，乘方座者；有三箍长桶、下有三足，姜铸回文小方斗，俱可用。陶者有定窑蒜蒲长罐，哥窑方斗如斛中置一梁者，然不如铜者便于出洗。

蜡斗

古人以蜡代糊，故缄封必用蜡斗熨之，今虽不用蜡，亦可收以充玩，大者亦可作水杓。

镇纸

　　玉者有古玉兔、玉牛、玉马、玉鹿、玉羊、玉蟾蜍、蹲虎、辟邪、子母螭诸式，最古雅。铜者有青绿虾蟆、蹲虎、蹲螭、眠犬、鎏金辟邪、卧马、龟、龙，亦可用。其玛瑙、水晶、官、哥、定窑，俱非雅器。宣铜马、牛、猫、犬、狻猊之属，亦有绝佳者。

压尺

　　以紫檀、乌木为之，上用旧玉璏为纽，俗所称"昭文带"是也。有倭人錾金双桃银叶为纽，虽极工致，亦非雅物。又有中透出窍，内藏刀锥之属者，尤为俗制。

秘阁

以长样古玉瑊为之，最雅。不则倭人所造黑漆秘阁如古玉圭者，质轻如纸，最妙。紫檀雕花及竹雕花巧人物者，俱不可用。

贝光

古以贝螺为之，今得水晶、玛瑙。古玉物中，有可代者更雅。

裁刀

有古刀笔，青绿裹身，上尖下圆，长仅尺许，古人杀青为书，故用此物，今仅可供玩，非利用也。日本番人有绝小者，锋甚利，刀靶俱用鸂鶒木，取其不染肥腻，最佳。滇中镂金银者亦可用，溧阳、昆山二种，俱入恶道，而陆小拙为尤甚矣。

剪刀

有宾铁剪，外面起花镀金，内嵌回回字者，制作极巧。倭制折叠者，亦可用。

书灯

有古铜驼灯、羊灯、龟灯、诸葛灯，俱可供玩，而不适用。有青绿铜荷一片檠，架花朵于上，古人取金莲之意，今用以为灯，最雅。定窑三台、宣窑二台者，俱不堪用。锡者取旧制古朴矮小者为佳。

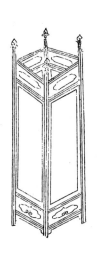

灯

闽中珠灯第一，玳瑁、琥珀、鱼魫次之，羊皮灯名手如赵虎所画者，亦当多蓄。料丝出滇中者最胜，丹阳所制有横光，不甚雅。至如山东珠、麦、柴、梅、李、花草、百鸟、百兽、夹纱、墨纱等制，俱不入品。灯样以四方如屏，中穿花鸟，清雅如画者为佳，人物、楼阁，仅可于羊皮屏上用之，他如蒸笼圈、水精球、双层、三层者，俱最俗。篾丝者虽极精工华绚，终为酸气。曾见元时布灯，最奇，亦非时尚也。

镜

秦陀、黑漆古、光背质厚无文者为上，水银古花背者次之。有如钱小镜，满背青绿，嵌金银五岳图者，可供携具。菱角、八角、有柄方镜，俗不可用。轩辕镜，其形如球，卧榻前悬挂，取以辟邪，然非旧式。

钩

古铜腰束绦钩，有金、银、碧填嵌者，有片金银者，有用兽为肚者，皆三代物也。有羊头钩、螳螂捕蝉钩、镡金者，皆秦汉物也。斋中多设，以备悬壁挂画，及拂尘、羽扇等用，最雅。自寸以至盈尺，皆可用。

束腰

汉钩、汉玦仅二寸余者，用以束腰，甚便。稍大则便入玩器，不可日用。绦用沈香、真紫，余俱非所宜。

禅灯

高丽者佳，有月灯，其光白莹如初月；有日灯，得火内照，一室皆红，小者尤可爱。高丽有颊仰莲、三足铜炉，原以置此，今不可得，别作小架架之。不可制如角灯之式。

香橼盘

有古铜青绿盘，有官、哥、定窑冬青磁，龙泉大盘，有宣德暗花白盘、苏麻尼青盘、朱砂红盘，以置香橼，皆可。此种出时，山斋最不可少。然一盘四头既板且套，或以大盘二三十，尤俗。不如觅旧珠雕茶托架一头，以供清玩也。或得旧磁盘长样者，置二头于几案间亦可。

如意

古人用以指挥向往，或防不测，故炼铁为之，非直美观而已。得旧铁如意，上有金银错，或隐或见，古色濛然者，最佳。至如天生树枝、竹鞭等制，皆废物也。

麈

古人用以清谈，今若对客挥麈，便见之欲呕矣。然斋中悬挂壁上，以备一种。有旧玉柄者，其拂以白尾及青丝为之，雅。若天生竹鞭、万岁藤，虽玲珑透漏，俱不可用。

钱

钱之为式甚多，详具《钱谱》。有金嵌青绿刀钱，可为籤，如《博古图》等书成大套者用之。鹅眼货布，可挂杖头。

瓢

得小匾葫芦，大不过四五寸，而小者半之，以水磨其中，布擦其外，光彩莹洁，水湿不变，尘污不染，用以悬挂杖头及树根禅椅之上，俱可。更有二瓢并生者，有可为冠者，俱雅。其长腰鹭鸶曲项，俱不可用。

钵

取深山巨竹根，车旋为钵，上刻铭字或梵书，或五岳图，填以石青，光洁可爱。

花瓶

　　古铜入土年久，受土气深，以之养花，花色鲜明，不特古色可玩而已。铜器可插花者，曰尊，曰罍，曰觚，曰壶，随花大小用之。磁器用官、哥、定窑古胆瓶，一枝瓶、小著草瓶、纸槌瓶，余如暗花、青花、茄袋、葫芦、细口、匾肚、瘦足、药坛及新铸铜瓶，建窑等瓶，俱不入清供。尤不可用者，鹅颈壁瓶也。

　　古铜汉方瓶，龙泉、均州瓶，有极大高二三尺者，以插古梅，最相称。瓶中俱用锡作替管盛水，可免破裂之患。大都瓶宁瘦，无过壮，宁大，无过小，高可一尺五寸，低不过一尺，乃佳。

钟磬

不可对设，得古铜秦、汉铸钟、编钟，及古灵璧石磬声清韵远者，悬之斋室，击以清耳。磬有旧玉者，股三寸，长尺余，仅可供玩。

杖

鸠杖最古，盖老人多咽，鸠能治咽故也。有三代立鸠、飞鸠杖头，周身金银填嵌者，饰于方竹、筇竹、万岁藤之上，最古。杖须长七尺余，磨弄滑泽，乃佳。天台藤更有自然屈曲者，一作龙头诸式，断不可用。

坐墩

冬月用蒲草为之，高一尺二寸，四面编束，细密坚实，内用木车坐板以柱托顶，外用锦饰。暑月可置藤墩，宫中有绣墩，形如小鼓，四角垂流苏者，亦精雅可用。

坐团

蒲团大径三尺者，席地快甚，棕团亦佳。山中欲远湿辟虫，以雄黄熬蜡布团，亦雅。

数珠

以金刚子小而花细者为贵，以宋做玉降魔杵、玉五供养为记总，他如人顶、龙充、珠玉、玛瑙、琥珀、金珀、水晶、珊瑚、车渠者，俱俗。沉香、伽南香者则可。尤忌杭州小菩提子，及灌香于内者。

番经

常见番僧佩经，或皮袋，或漆匣，大方三寸，厚寸许，匣外两傍有耳系绳。佩服中有经文，更有贝叶金书、彩画、天魔变相，精巧细密，断非中华所及。此皆方物，可贮佛室，与数珠同携。

扇　扇坠

羽扇最古，然得古团扇雕漆柄为之，乃佳。他如竹篾、纸糊、竹根、紫檀柄者，俱俗。又今之折叠扇，古称聚头扇，乃日本所进，彼中今尚有绝佳者，展之盈尺，合之仅两指许，所画多作仕女、乘车、跨马、踏青、拾翠之状，又以金银屑饰地面，及作星汉人物，粗有形似，其所染青绿奇甚，专以空青、海绿为之，真奇物也。

川中蜀府制以进御，有金铰籐骨，面薄如轻绡者，最为贵重。内府别有彩画、五毒、百鹤鹿、百福寿等式，差俗，然亦华绚可观。徽、杭亦有稍轻雅者。

姑苏最重书画扇，其骨以白竹、棕竹、乌木、紫白檀、湘妃、眉绿等为之，间有用牙及玳瑁者，有员头、直根、绦环、结子、板板花诸式，素白金面，购求名笔图写，佳者价绝高。其匠作则有李昭、李赞、马勋、蒋三、柳玉台、沈少楼诸人，皆高手也。纸敝墨渝，不堪怀袖，别装卷册以供玩，相沿既久，习以成风，至称为姑苏人事，然实俗制，不如川扇适用耳。

　　扇坠夏月用伽南、沉香为之，汉玉小玦及琥珀眼掠皆可，香串、缅茄之属，断不可用。

枕

有书枕，用纸三大卷，状如碗，品字相叠，束缚成枕。有旧窑枕，长二尺五寸，阔六寸者，可用。长一尺者，谓之尸枕，乃古墓中物，不可用也。

簟

茭葺出满喇伽国，生于海之洲渚岸边，叶性柔软，织为细簟，冬月用之，愈觉温暖，夏则蕲州之竹簟最佳。

琴

　　琴为古乐，虽不能操，亦须壁悬一床。以古琴历年既久，漆光退尽，纹如梅花，黯如乌木，弹之声不沉者为贵。琴轸犀角、象牙者雅。以蚌珠为徽，不贵金玉。弦用白色柘丝，古人虽有朱弦清越等语，不如素质有天然之妙。唐有雷文、张越，宋有施木舟，元有朱致远，国朝有惠祥、高腾、祝海鹤及樊氏、路氏，皆造琴高手也。

挂琴不可近风露日色，琴囊须以旧锦为之，轸上不可用红绿流苏，抱琴勿横。夏月弹琴，但宜早晚，午则汗易污，且太燥，脆弦。

琴台

以河南郑州所造古郭公砖，上有方胜及象眼花者，以作琴台，取其中空发响，然此实宜置盆景及古石。当更制一小几，长过琴一尺，高二尺八寸，阔容三琴者，为雅。坐用胡床，两手更运动，须比他坐稍高，则手不费力。更有紫檀为边，以锡为池，水晶为面者，于台中置水蓄鱼藻，实俗制也。

研

　　研以端溪为上，出广东肇庆府，有新旧坑、上下岩之辨，石色深紫，衬手而润，叩之清远，有重晕、青绿、小鸜鹆眼者为贵，其次色赤，呵之乃润。更有纹慢而大者，乃西坑石，不甚贵也。又有天生石子，温润如玉，摩之无声，发墨而不坏笔，真希世之珍。有无眼而佳者，若白端、青绿端，非眼不辨。黑端出湖广辰、沅二州，亦有小眼，但石质粗燥，非端石也。更有一种出婺源歙山、龙尾溪，亦有新旧二坑，南唐时开，至北宋已取尽，故旧砚非宋者，皆此石。

石有金银星及罗纹、刷丝、眉子，青黑者尤贵。黎溪石出湖广常德、辰州二界，石色淡青，内深紫，有金线及黄脉，俗所谓紫袍、金带者是。洮溪研出陕西临洮府河中，石绿色，润如玉。衢研出衢州开化县，有极大者，色黑。熟铁研出青州，古瓦研出相州，澄泥研出虢州。

研之样制不一，宋时进御有玉台、凤池、玉环、玉堂诸式，今所称贡研，世绝重之。以高七寸，阔四寸，下可容一拳者为贵，不知此特进奉一种，其制最俗。余所见宣和旧研有绝大者，有小八棱者，皆古雅浑朴。别有圆池、东坡瓢形、斧形、端明诸式，皆可用。葫芦样稍俗，至如雕镂二十八宿、鸟、兽、龟、龙、天马，及以眼为七星形，剥落研质，嵌古铜玉器于中，皆入恶道。

研须日涤，去其积墨败水，则墨光莹泽，惟研池边斑驳墨迹，久浸不浮者，名曰墨锈，不可磨去。研，用则贮水，毕则干之。涤砚用莲房壳，去垢起滞，又不伤研。大忌滚水磨墨，茶酒俱不可，尤不宜令顽童持洗。研匣宜用紫黑二漆，不可用五金，盖金能燥石。至如紫檀、乌木及雕红、彩漆，俱俗，不可用。

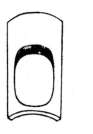

笔

尖、齐、圆、健，笔之四德，盖毫坚则尖，毫多则齐，用荣贴衬得法，则毫束而圆，用纯毫附以香狸、角水得法，则用久而健，此制笔之诀也。古有金银管、象管、玳瑁管、玻璃管、镂金、绿沈管，近有紫檀、雕花诸管，俱俗不可用。惟斑管最雅，不则竟用白竹。寻丈书笔，以木为管，亦俗。当以筇竹为之，盖竹细而节大，易于把握。

笔头式须如尖头、细腰、葫芦诸样，仅可作小书，然亦时制也。画笔，杭州者佳。古人用笔洗，盖书后即涤去滞墨，毫坚不脱，可耐久。笔败则瘗之，故云败笔成冢，非虚语也。

墨

墨之妙用，质取其轻，烟取其清，嗅之无香，摩之无声，若晋、唐、宋、元画书，皆传数百年，墨色如漆，神气完好，此佳墨之效也。

故用墨必择精品，且日置几案间，即样制亦须近雅，如朝官、魁星、宝瓶、墨玦诸式，即佳亦不可用。宣德墨最精，几与宣和内府所制同，当蓄以供玩，或以临摹古书画，盖胶色已退尽，惟存墨光耳。唐以奚廷珪为第一，张遇第二，廷珪至赐国姓，今其墨几与珍宝同价。

纸

古人杀青为书，后乃用纸。北纸用横帘造，其纹横，其质松而厚，谓之侧理。南纸用竖帘，二王真迹，多是此纸。唐人有硬黄纸，以黄蘗染成，取其辟蠹。蜀妓薛涛为纸，名十色小笺，又名蜀笺。

宋有澄心堂纸，有黄白经笺，可揭开用。有碧云春树、龙凤、团花、金花等笺，有匹纸长三丈至五丈，有彩色粉笺及藤白、鹄白、蚕茧等纸。元有彩色粉笺、蜡笺、黄笺、花笺、罗纹笺，皆出绍兴，有白箓、观音、清江等纸，皆出江西。山斋俱当多蓄以备用。

国朝连七、观音、奏本、榜纸，俱不佳。惟大内用细密洒金五色粉笺，坚厚如板，面砑光如白玉，有印金花五色笺，有青纸如段素，俱可宝。近吴中洒金纸，松江谭笺，俱不耐久，泾县连四最佳。

高丽别有一种，以绵茧造成，色白如绫，坚韧如帛，用以书写，发墨可爱，此中国所无，亦奇品也。

剑

今无剑客，故世少名剑，即铸剑之法亦不传。古剑铜铁互用，陶弘景《刀剑录》所载有："屈之如钩，纵之直如弦，铿然有声者"，皆目所未见。近时莫如倭奴所铸，青光射人。曾见古铜剑，青绿四裹者，蓄之，亦可爱玩。

印章

以青田石莹洁如玉、照之灿若灯辉者为雅。然古人实不重此，五金、牙、玉、水晶、木、石皆可为之，惟陶印则断不可用，即官、哥、冬青等窑，皆非雅器也。古镣金、镀金、细错金银、商金、青绿、金玉、玛瑙等印，篆刻精古，钮式奇巧者，皆当多蓄，以供赏鉴。

印池以官、哥窑方者为贵，定窑及八角、倭角者次之，青花白地、有盖、长样俱俗。近做周身连盖滚螭白玉印池，虽工致绝伦，然不入品。所见有三代玉方池，内外土锈血浸，不知何用，今以为印池，甚古，然不宜日用，仅可备文具一种。

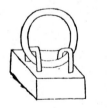

图书匣以豆瓣楠、赤水、椤为之，方样套盖，不则退光素漆者亦可用，他如剔漆、填漆、紫檀镶嵌古玉，及毛竹、攒竹者，俱不雅观。

文具

文具虽时尚，然出古名匠手，亦有绝佳者。以豆瓣楠、瘿木及赤水椤为雅，他如紫檀、花梨等木，皆俗。三格一替，替中置小端砚一，笔觇一，书册一，小砚山一，宣德墨一，倭漆墨匣一。

首格置玉秘阁一，古玉或铜镇纸一，宾铁古刀大小各一，古玉柄棕帚一，笔船一，高丽笔二枝。次格古铜水盂一，糊斗、蜡斗各一，古铜水杓一，青绿鎏金小洗一。下格稍高，置小宣铜彝炉一，宋剔合一，倭漆小撞、白定或五色定小合各一，矮小花尊或小觯一，图书匣一，中藏古玉印池、古玉印、鎏金印绝佳者数方，倭漆小梳匣一，中置玳瑁小梳及古玉盘匜等器，古犀玉小杯二，他如古玩中有精雅者，皆可入之，以供玩赏。

梳具

以瘿木为之，或日本所制，其缠丝、竹丝、螺钿、雕漆、紫檀等，俱不可用。中置玳瑁梳、玉剔帚、玉缸、玉合之类，即非秦、汉间物，亦以稍旧者为佳。若使新俗诸式阑入，便非韵士所宜用也。

海论 铜玉雕刻窑器

三代秦汉人制玉，古雅不凡，即如子母螭、卧蚕纹、双钩碾法，宛转流动，细入毫发，涉世既久，土锈血侵最多，惟翡翠色、水银色，为铜侵者，特一二见耳。玉以红如鸡冠者为最，黄如蒸栗、白如截肪者次之。黑如点漆、青如新柳、绿如铺绒者又次之。今所尚翠色，通明如水晶者，古人号为碧，非玉也。

玉器中圭璧最贵，鼎、彝、瓠、尊、杯注、环玦次之，钩束、镇纸、玉瑬、充耳、刚卯、瑱珈、珌琫、印章之类又次之，琴剑觽佩、扇坠又次之。

铜器：鼎、彝、觚、尊、敦、鬲最贵，匜、卣、罍、觯次之，簠簋、钟注、歃血盆、衮花囊之属又次之。三代之辨，商则质素无文，周则雕篆细密，夏则嵌金、银，细巧如发，款识少者一二字，多则二三十字，其或二三百字者，定周末先秦时器。

篆文：夏用鸟迹，商用虫鱼，周用大篆，秦以大小篆，汉以小篆。三代用阴款，秦汉用阳款，间有凹入者，或用刀刻如镌碑，亦有无款者，盖民间之器，无功可纪，不可遽谓非古也。有谓铜气入土久，土气湿蒸，郁而成青，入水久，水气卤浸，润而成绿，然亦不尽然，第铜气清莹不杂，易发青绿耳。

铜色：褐色不如朱砂，朱砂不如绿，绿不如青，青不如水银，水银不如黑漆，黑漆最易伪造，余谓必以青绿为上。伪造有冷冲者，有屑凑者，有烧斑者，皆易辨也。

窑器：柴窑最贵，世不一见，闻其制，青如天，明如镜，薄如纸，声如磬，未知然否？官、哥、汝窑以粉青色为上，淡白次之，油灰最下。

纹：取冰裂、鳝血、铁足为上，梅花片、黑纹次之，细碎纹最下。官窑隐纹如蟹爪，哥窑隐纹如鱼子，定窑以白色而加以泑水如泪痕者佳，紫色黑色俱不贵。均州窑色如胭脂者为上，青若葱翠、紫若墨色者次之，杂色者不贵。龙泉窑甚厚，不易茅蔑，第工匠稍拙，不甚古雅。宣窑冰裂、鳝血纹者，与官、哥同，隐纹如橘皮、红花、青花者，俱鲜彩夺目，堆垛可爱。又有元烧枢府字号，亦有可取。至于永乐细款青花杯、成化五彩葡萄杯及纯白薄如玻璃者，今皆极贵，实不甚雅。

雕刻精妙者，以宋为贵，俗子辄论金银胎，最为可笑，盖其妙处在刀法圆熟，藏锋不露，用朱极鲜，漆坚厚而无敲裂，所刻山水、楼阁、人物、鸟兽，皆俨若图画，为佳绝耳。元时张成、杨茂二家，亦以此技擅名一时，国朝果园厂所制，刀法视宋尚隔一筹，然亦精细。至于雕刻器皿，宋以詹成为首，国朝则夏白眼擅名，宣庙绝赏之。吴中如贺四、李文甫、陆子冈，皆后来继出高手，第所刻必以白玉、琥珀、水晶、玛瑙等为佳器，若一涉竹木，便非所贵。至于雕刻果核，虽极人工之巧，终是恶道。

卷八　衣饰

衣冠制度，必与时宜，吾侪既不能披鹑带索，又不当缀玉垂珠，要须夏葛、冬裘，被服娴雅，居城市有儒者之风，入山林有隐逸之象，若徒染五采，饰文缋，与铜山金穴之子，侈靡斗丽，亦岂诗人粲粲衣服之习乎？至于蝉冠朱衣，方心田领，玉珮朱履之为"汉服"也；幞头大袍之为"隋服"也；纱帽圆领之为"唐服"也；檐帽襕衫、深衣幅巾之为"宋服"也；巾环襟领、帽子系腰之为"金元服"也；方巾圆领之为"国朝服"也，皆历代之制，非所敢轻议也。志《衣饰第八》。

道服

制如深衣，以白布为之，四边延以缁色布，或用茶褐为袍，缘以皂布。有月衣，铺地如月，披之则如鹤氅。二者用以坐禅策蹇，披雪避寒，俱不可少。

禅衣

以洒海剌为之，俗名"琐哈剌"，盖番语不易辨也。其形似胡羊毛片缕缕下垂，紧厚如毡，其用耐久，来自西域，闻彼中亦甚贵。

被

以五色氆氇为之，亦出西蕃，阔仅尺许，与琐哈刺相类，但不紧厚；次用山东茧绸，最耐久，其落花流水、紫、白等锦，皆以美观，不甚雅。以真紫花布为大被，严寒用之，有画百蝶于上，称为"蝶梦"者，亦俗。古人用芦花为被，今却无此制。

褥

京师有折叠卧褥，形如围屏，展之盈丈，收之仅二尺许，厚三四寸，以锦为之，中实以灯心，最雅。其椅榻等褥，皆用古锦为之。锦既敝，可以装潢卷册。

绒

出陕西、甘肃，红者色如珊瑚，然非幽斋所宜，本色者最雅，冬月可以代席。狐腋、貂褥不易得，此亦可当温柔乡矣。毡者不堪用，青毡用以衬书大字。

帐

　　冬月以茧绸或紫花厚布为之，纸帐与绸绢等帐俱俗，锦帐、帕帐俱闺阁中物，夏月以蕉布为之，然不易得。吴中青撬纱及花手巾制帐亦可。有以画绢为之，有写山水墨梅于上者，此皆欲雅反俗。更有作大帐，号为"漫天帐"，夏月坐卧其中，置几榻橱架等物，虽适意，亦不古。寒月小斋中致布帐于窗槛之上，青紫二色可用。

冠

铁冠最古，犀玉、琥珀次之，沉香、葫芦者又次之，竹箨、瘿木者最下。制惟偃月、高士二式，余非所宜。

巾

汉巾去唐式不远，今所尚"披云巾"最俗，或自以意为之，"幅巾"最古，然不便于用。

笠

　　细藤者佳，方广二尺四寸，以皂绢缀檐，山行以遮风日；又有叶笠、羽笠，非可常用。

履

　　冬月秧履最适，且可暖足。夏月棕鞋惟温州者佳，若方舄等样制作不俗者，皆可为济胜之具。

卷九　舟车

舟之习于水也，大舸连轴，巨舰接舻，既非素士所能辨；蜻蜓蚱蜢，不堪起居；要使轩窗阑槛，俨若精舍，室陈厦飨，靡不咸宜，用之祖远饯近，以畅离情；用之登山临水，以宣幽思；用之访雪载月，以写高韵；或芳辰缀赏，或静女采莲，或子夜清声，或中流歌舞，皆人生适意之一端也。至如济胜之具，篮舆最便，但使制度新雅，便堪登高涉远；宁必饰以珠玉，错以金贝，被以缋罽，藉以簟茀，缕以钩膺，文以轮辕，约以𫐐革，和以鸣鸾，乃称周行、鲁道哉？志《舟车第九》。

巾车

今之"肩舆"，即古之"巾车"也。第古用牛马，今用人车，实非雅士所宜。出闽、广者精丽，且轻便；楚中有以藤为杠者，亦佳。近金陵所制缠藤者，颇俗。

篮舆

山行无济胜之具，则"篮舆"似不可少。武林所制，有坐身踏足处，俱以绝络者，上下峻坂皆平，最为适意，惟不能避风雨。有上置一架，可张小幔者，亦不雅观。

舟

　　形如划船，底惟平，长可三丈有余，头阔五尺，分为四仓：中仓可容宾主六人，置桌凳、笔床、酒枪、鼎彝、盆玩之属，以轻小为贵；前仓可容僮仆四人，置壶榼、茗炉、茶具之属；后仓隔之以板，傍容小弄，以便出入。中置一榻，一小几。小厨上以板承之，可置书卷、笔砚之属。榻下可置衣厢、虎子之属。幔以板，不以篷簟，两旁不用栏楯，以布绢作帐，用蔽东西日色，无日则高卷，卷以带，不以钩。他如楼船、方舟诸式，皆俗。

小船

　　长丈余，阔三尺许，置于池塘中，或时鼓枻中流；或时系于柳阴曲岸，执竿把钓，弄月吟风；以蓝布作一长幔，两边走檐，前以二竹为柱；后缚船尾钉两圈处，一童子刺之。

卷十　位置

位置之法，烦简不同，寒暑各异，高堂广榭，曲房奥室，各有所宜，即如图书鼎彝之属，亦须安设得所，方如图画。云林清秘，高梧古石中，仅一几一榻，令人想见其风致，真令神骨俱冷。故韵士所居，入门便有一种高雅绝俗之趣。若使之前堂养鸡牧豕，而后庭侈言浇花洗石，政不如凝尘满案，环堵四壁，犹有一种萧寂气味耳。志《位置第十》。

坐几

天然几一，设于室中左偏东向，不可迫近窗槛，以逼风日。几上置旧研一，笔筒一，笔觇一，水中丞一，研山一。古人置研，俱在左，以墨光不闪眼，且于灯下更宜，书册、镇纸各一，时时拂拭，使其光可鉴，乃佳。

坐具

湘竹榻及禅椅皆可坐，冬月以古锦制褥，或设皋比，俱可。

椅 榻 屏 架

斋中仅可置四椅一榻，他如古须弥座、短榻、矮几、壁几之类，不妨多设，忌靠壁平设数椅。屏风仅可置一面，书架及橱俱列以置图史，然亦不宜太杂，如书肆中。

悬画

悬画宜高，斋中仅可置一轴于上，若悬两壁及左右对列，最俗。长画可挂高壁，不可用挨画竹曲挂。画桌可置奇石，或时花盆景之属，忌置朱红漆等架。堂中宜挂大幅横披，斋中宜小景花鸟；若单条、扇面、斗方、挂屏之类，俱不雅观。画不对景，其言亦谬。

置炉

于日坐几上置倭台几方大者一，上置炉一；香盒大者一，置生、熟香；小者二，置沉香、香饼之类；箸瓶一。斋中不可用二炉，不可置于挨画桌上，及瓶盒对列。夏月宜用磁炉，冬月用铜炉。

置瓶

随瓶制置大小倭几之上，春夏用铜，秋冬用磁；堂屋宜大，书室宜小，贵铜瓦，贱金银，忌有环，忌成对。花宜瘦巧，不宜烦杂，若插一枝，须择枝柯奇古，二枝须高下合插，亦止可一二种，过多便如酒肆；惟秋花插小瓶中不论。供花不可闭窗户焚香，烟触即萎，水仙尤甚。亦不可供于画桌上。

小室

几榻俱不宜多置，但取古制狭边书几一，置于中，上设笔砚、香合、薰炉之属，俱小而雅。别设石小几一，以置茗瓯茶具；小榻一，以供偃卧趺坐。不必挂画，或置古奇石，或以小佛橱供鎏金小佛于上，亦可。

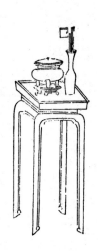

卧室

地屏天花板虽俗，然卧室取干燥，用之亦可，第不可彩画及油漆耳。面南设卧榻一，榻后别留半室，人所不至，以置薰笼、衣架、盥匜、厢奁、书灯之属。榻前仅置一小几，不设一物，小方机二，小橱一，以置香药、玩器。室中精洁雅素，一涉绚丽，便如闺阁中，非幽人眠云梦月所宜矣。更须穴壁一，贴为壁床，以供连床夜话，下用抽替以置履袜。庭中亦不须多植花木，第取异种宜秘惜者，置一株于中，更以灵壁、英石伴之。

亭榭

亭榭不蔽风雨，故不可用佳器，俗者又不可耐，须得旧漆、方面、粗足、古朴自然者置之。露坐，宜湖石平矮者，散置四傍，其石墩、瓦墩之属，俱置不用。尤不可用朱架架官砖于上。

敞室

长夏宜敞室,尽去窗槛,前梧后竹,不见日色,列木几极长大者于正中,两傍置长榻无屏者各一。不必挂画,盖佳画夏日易燥,且后壁洞开,亦无处宜悬挂也。北窗设湘竹榻,置簟于上,可以高卧。几上大砚一,青绿水盆一,尊彝之属,俱取大者;置建兰一二盆于几案之侧;奇峰古树,清泉白石,不妨多列;湘帘四垂,望之如入清凉界中。

佛室

内供乌丝藏佛一尊，以金镵甚厚、慈容端整、妙相具足者为上，宋、元或脱纱大士像俱可，用古漆佛橱；若香象唐象及三尊并列接引、诸天等象，号曰"一堂"，并朱红小木等橱，皆僧寮所供，非居士所宜也。长松石洞之下，得古石像最佳；案头以旧磁净瓶献花，净碗酌水，石鼎爇印香，夜燃石灯，其钟、磬、幡、幢、几、榻之类，次第铺设，俱戒纤巧。钟、磬尤不可并列。用古倭漆经箱，以盛梵典。庭中列施食台一，幡竿一，下用古石莲座石幢一，幢下植杂草花数种，石须古制，不则亦以水蚀之。

卷十一　蔬菜

田文坐客，上客食肉，中客食鱼，下客食菜，此便开千古势利之祖。吾曹谈芝讨桂，既不能饵菊术，啖花草；乃层酒累肉，以供口食，真可谓秽吾素丛。古人蕨蘩可荐，蔬笋可羞，顾山肴野蔌，须多预蓄，以供长日清谈，闲宵小饮；又如酒枪皿合，皆须古雅精洁，不可毫涉市贩之屠沽气；又当多藏名酒，及山珍海错，如鹿脯、荔枝之属，庶令可口悦目，不特动指流涎而已。志《蔬果第十一》。

樱桃

樱桃古名"楔桃",一名"朱桃",一名"英桃",又为鸟所含,故礼称"含桃"。盛以白盘,色味俱绝。南都曲中有英桃脯,中置玫瑰瓣一味,亦甚佳,价甚贵。

桃 李 梅 杏

桃易生,故谚云:"白头种桃。"其种有:匾桃、墨桃、金桃、鹰嘴、脱核蟠桃,以蜜煮之,味极美。

李品在桃下，有粉青、黄姑二种，别有一种，曰"嘉庆子"，味微酸。

北人不辨梅、杏，熟时乃别。梅接杏而生者，曰杏梅。又有消梅，入口即化，脆美异常，虽果中凡品，然却睡止渴，亦自有致。

橘　橙

　　橘为"木奴"，既可供食，又可获利。有绿橘、金橘、密橘、扁橘数种，皆出自洞庭；别有一种小于闽中，而色味俱相似，名"漆堞红"者，更佳；出衢州者皮薄亦美，然不多得。山中人更以落地未成实者，制为橘药，酸者较胜。黄橙堪调脍，古人所谓"金齑"；若法制丁片，皆称俗味。

柑

柑出洞庭者，味极甘，出新庄者，无汁，以刀剖而食之；更有一种粗皮，名蜜罗柑，亦美。小者曰"金柑"，圆者曰"金豆"。

香橼

大如杯盂，香气馥烈，吴人最尚。以磁盆盛供，取其瓤，拌以白糖，亦可作汤，除酒渴；又有一种皮稍粗厚者，香更胜。

枇杷

枇杷独核者佳，株叶皆可爱，一名"款冬花"，荐之果筵，色如黄金，味绝美。

杨梅

吴中佳果，与荔枝并擅高名，各不相下。出光福山中者，最美，彼中人以漆盘盛之，色与漆等，一斤仅二十枚，真奇味也。生当暑中，不堪涉远，吴中好事家或以轻桡邮置，或买舟就食。出他山者味酸，色亦不紫。有以烧酒浸者，色不变，而味淡；蜜渍者，色味俱恶。

葡萄

有紫、白二种：白者曰"水晶萄"，味差亚于紫。

荔子

荔枝虽非吴地所种，然果中名裔，人所共爱，"红尘一骑"，不可谓非解事人。彼中有蜜渍者，色亦白，第壳已殷，所谓"红绡白玉肤"，亦在流想间而已。龙眼称"荔枝奴"，香味不及，种类颇少，价乃更贵。

枣

枣类极多，小核色赤者，味极美。枣脯出金陵，南枣出浙中者，俱贵甚。

生梨

梨有二种：花瓣圆而舒者，其果甘；缺而皱者，其果酸，亦易辨。出山东，有大如瓜者，味绝脆，入口即化，能消痰疾。

栗

杜甫寓蜀，采栗自给，山家御穷，莫此为愈。出吴中诸山者绝小，风干，味更美；出吴兴者，从溪水中出，易坏，煨熟乃佳。以橄榄同食，名为"梅花脯"，其口作梅花香，然实不尽然。

银杏

叶如鸭脚，故名"鸭脚子"，雄者三棱，雌者二棱。园圃间植之，虽所出不足充用，然新绿时，叶最可爱。吴中诸刹，多有合抱者，扶疏乔挺，最称佳树。

柿

柿有七绝：一寿，二多阴，三无鸟巢，四无虫，五霜叶可爱，六嘉实，七落叶肥大。别有一种，名"灯柿"，小而无核，味更美。或谓柿接三次，则全无核，未知果否。

菱

两角为"菱"，四角为"芰"，吴中湖柳及人家池沼皆种之。有青红二种：红者最早，名"水红菱"；稍迟而大者，曰"雁来红"；青者曰"莺哥青"；青而大者，曰"馄饨菱"，味最胜；最小者曰"野菱"。又有"白沙角"，皆秋来美味，堪与扁豆并荐。

芡

芡花昼合宵展，至秋作房如鸡头，实藏其中，故俗名"鸡豆"。有秔、糯二种，有大如小龙眼者，味最佳，食之益人。若剥肉和糖，捣为糕糜，真味尽失。

花红

西北称柰，家以为脯，即今之蘋婆果是也。生者较胜，不特味美，亦有清香。吴中称"花红"，即名"林檎"，又名"来禽"，似柰而小，花亦可观。

石榴

石榴，花胜于果，有大红、桃红、淡白三种，千叶者名"饼子榴"，酷烈如火，无实，宜植庭际。

西瓜

西瓜味甘，古人与沉李并埒，不仅蔬属而已。长夏消渴吻，最不可少，且能解暑毒。

五加皮

久服轻身明目，吴人于早春采取其芽，焙干点茶，清香特甚，味亦绝美，亦可作酒，服之延年。

白扁豆

纯白者味美，补脾入药，秋深篱落，当多种以供采食，干者亦须收数斛，以足一岁之需。

菌

雨后弥山遍野，春时尤盛，然蛰后虫蛇始出，有毒者最多，山中人自能辨之。秋菌味稍薄，以火焙干，可点茶，价亦贵。

瓠

瓠类不一，诗人所取，抱瓮之余，采之烹之，亦山家一种佳味，第不可与肉食者道耳。

茄子

茄子一名"落酥"，又名"昆仑紫瓜"，种苋其傍，同浇灌之，茄苋俱茂，新采者味绝美。蔡遵为吴兴守，斋前种白苋、紫茄，以为常膳。五马贵人，犹能如此，吾辈安可无此一种味也？

芋

古人以蹲鸱起家，又云："园收芋、栗未全贫。"则御穷一策，芋为称首，所谓："煨得芋头熟，天子不如我。"且以为南面王乐，其言诚过，然寒夜拥炉，此实真味。别名"土芝"，信不虚矣。

茭白

古称雕胡，性尤宜水，逐年移之，则心不刻，池塘中亦宜多植，以佐灌园所缺。

山药

本名"薯药"，出娄东岳王市者，大如臂，真不减天公掌，定当取作常供。夏取其子，不堪食。至如香芋、乌芋、凫茨之属，皆非佳品。乌芋即"茨菇"，凫茨即"地栗"。

萝葡 蔓菁

萝葡一名"土酥"，蔓菁一名"六利"，皆佳味也。他如乌、白二菘，莼、芹、薇、蕨之属，皆当命园丁多种，以供伊蒲。第不可以此利市，为卖菜佣耳。

卷十二　香茗

香、茗之用，其利最溥。物外高隐，坐语道德，可以清心悦神；初阳薄暝，兴味萧骚，可以畅怀舒啸；晴窗拓帖，挥麈闲吟，篝灯夜读，可以远辟睡魔；青衣红袖，密语谈私，可以助情热意；坐雨闭窗，饭余散步，可以遣寂除烦；醉筵醒客，夜语蓬窗，长啸空楼，冰弦戛指，可以佐欢解渴。品之最优者，以沉香、岕茶为首，第焚煮有法，必贞夫韵士，乃能究心耳。志《香茗第十二》。

伽南

一名奇蓝，又名琪珛，有糖结、金丝二种：糖结，面黑若漆，坚若玉，锯开，上有油若糖者，最贵。金丝，色黄，上有线若金者，次之。此香不可焚，焚之微有膻气，大者有重十五、六斤，以雕盘承之，满室皆香，真为奇物。小者以制扇坠、数珠，夏月佩之，可以辟秽。居常以锡合盛蜜养之。合分二格，下格置蜜，上格穿数孔，如龙眼大，置香使蜜气上通，则经久不枯。沉水等香亦然。

龙涎香

苏门答剌国有龙涎屿，群龙交卧其上，遗沫入水，取以为香；浮水为上，渗沙者次之；鱼食腹中，刺出如斗者，又次之。彼国亦甚珍贵。

沉香

质重，劈开如墨色者佳，沉取沉水，然好速亦能沉。以隔火炙过，取焦者别置一器，焚以熏衣被。曾见世庙有水磨雕刻龙凤者，大二寸许，盖醮坛中物，此仅可玩供。

片速香

鲫鱼片，雉鸡斑者佳，以重实为美，价不甚高，有伪为者，当辨。

唵叭香

香腻甚，着衣袂，可经日不散，然不宜独用，当同沉水共焚之。一名"黑香"。以软净色明，手指可捻为丸者为妙。都中有"唵叭饼"，别以他香和之，不甚佳。

角香

俗名"牙香"，以面黑烂色，黄纹直透者为"黄熟"，纯白不烘焙者为"生香"，此皆常用之物，当觅佳者。但既不用隔火，亦须轻置炉中，庶香气微出，不作烟火气。

甜香

宣德年制，清远味幽可爱，黑镡如漆；白底上有烧造年月，有锡罩盖罐子者，绝佳。"芙蓉""梅花"，皆其遗制，近京师制者亦佳。

黄黑香饼

恭顺侯家所造，大如钱者，妙甚；香肆所制小者，及印各色花巧者，皆可用，然非幽斋所宜，宜以置闺阁。

安息香

都中有数种，总名"安息"，"月麟""聚仙""沉速"为上。沉速有双料者，极佳。内府别有龙挂香，倒挂焚之，其架甚可玩，若"兰香""万春""百花"等皆不堪用。

暖阁　芸香

暖阁，有黄黑二种。芸香、短束，出周府者佳，然仅可备种类，不堪用也。

苍术

岁时及梅雨郁蒸，当间一焚之。出句容茅山，细梗者佳，真者亦艰得。

品茶

古今论茶事者，无虑数十家，若鸿渐之"经"，君谟之"录"，可谓尽善。然其时法用熟碾为"丸"为"挺"，故所称有"龙凤团""小龙团""密云龙""瑞云翔龙"。至宣和间，始以茶色白者为贵。

漕臣郑可简始创为"银丝冰芽"，以茶剔叶取心，清泉渍之，去龙脑诸香，惟新胯小龙蜿蜒其上，称"龙团胜雪"，当时以为不更之法，而我朝所尚又不同，其烹世之法，亦与前人异，然简便异常，天趣悉备，可谓尽茶之真未矣。至于"洗茶""候汤""择器"，皆各有法，宁特侈言"乌府""云屯""苦节""建城"等目而已哉？

虎丘　天池

　　虎丘，最号精绝，为天下冠，惜不多产，又为官司所据。寂寞山家，得一壶两壶，便为奇品，然其味实亚于"岕"。天池，出龙池一带者佳，出南山一带者最早，微带草气。

岕

　　浙之长兴者佳，价亦甚高，今所最重；荆溪稍下。采茶不必太细，细则芽初萌而味欠足；不必太青，青则茶已老而味欠嫩。惟成梗蒂，叶绿色而团厚者为上。不宜以日晒，炭火焙过，扇冷，以箬叶衬罂贮高处，盖茶最喜温燥，而忌冷湿也。

六合

宜入药品，但不善炒，不能发香而味苦，茶之本性实佳。

松萝

十数亩外，皆非真松萝茶，山中亦仅有一二家炒法甚精，近有山僧手焙者，更妙。真者在洞山之下、天池之上，新安人最重之；两都曲中亦尚此，以易于烹煮，且香烈故耳。

龙井　天目

山中早寒，冬来多雪，故茶之萌芽较晚，采焙得法，亦可与天池并。

洗茶

先以滚汤候少温洗茶，去其尘垢，以定碗盛之，俟冷点茶，则香气自发。

候汤

　　缓火炙，活火煎。活火，谓炭火之有焰者，始如鱼目为"一沸"，缘边泉涌为"二沸"，奔涛溅沫为"三沸"。若薪火方交，水釜才炽，急取旋倾，水气未消，谓之"嫩"；若水逾十沸，汤已失性，谓之"老"，皆不能发香茶。

涤器

　　茶瓶、茶盏不洁，皆损茶味，须先时洗涤，净布拭之，以备用。

茶洗

以砂为之，制如碗式，上下二层。上层底穿数孔，用洗茶，沙垢皆从孔中流出，最便。

茶炉　汤瓶

有姜铸铜饕餮兽面火炉，及纯素者，有铜铸如鼎彝者，皆可用。汤瓶铅者为上，锡者次之，铜者亦可用；形如竹筒者，既不漏火，又易点注；瓷瓶虽不夺汤气，然不适用，亦不雅观。

茶壶

壶以砂者为上，盖既不夺香，又无熟汤气，"供春"最贵，第形不雅，亦无差小者，时大宾所制又太小。若得受水半升，而形制古洁者，取以注茶，更为适用。其"提梁""卧瓜""双桃""扇面""八棱细花""夹锡茶替""青花白地"诸俗式者，俱不可用。锡壶有赵良璧者，亦佳，然而冬月间用。近时吴中"归锡"，嘉禾"黄锡"，价皆最高，然制小而俗。金银俱不入品。

茶盏

宣庙有尖足茶盏，料精式雅，质厚难冷，洁白如玉，可试茶色，盏中第一。世庙有坛盏，中有茶汤果酒，后有"金箓大醮坛用"等字者，亦佳。他如"白定"等窑，藏为玩器，不宜日用。盖点茶须熁盏令热，则茶面聚乳，旧窑器熁热则易损，不可不知。

又有一种名"崔公窑"，差大，可置果实，果亦仅可用榛、松、新笋、鸡豆、莲实，不夺香味者；他如柑、橙、茉莉、木樨之类，断不可用。

择炭

汤最恶烟，非炭不可，落叶、竹篠、树梢、松子之类，虽为雅谈，实不可用；又如"暴炭""膏薪"，浓烟蔽室，更为茶魔。炭以长兴茶山出者，名"金炭"，大小最适用，以麸火引之，可称汤友。

跋

　　右《长物志》十二卷，明文震亨撰。震亨字启美，长洲人，徵明之曾孙。崇祯中，官武英殿中书舍人，以善琴供奉，明亡，殉节死。徐埜公《明画录》称其画宗宋、元诸家，格韵兼胜。考《明诗综》录启美诗二首，并述王觉斯语，言湛持忧谗畏讥，而启美浮沉金马，吟咏徜徉，世无嫉者，由其处世固有道焉。湛持即启美之兄，长洲相国也，顾绝不言其殉节事。岂竹垞尚传闻未审欤？

有明中叶，天下承平，士大夫以儒雅相尚，若评书品画，瀹茗焚香，弹琴选石等事，无一不精，而当时骚人墨客，亦皆工鉴别，善品题，玉敦珠盘，辉映坛坫，若启美此书，亦庶几卓卓可传者。盖贵介风流，雅人深致，均于此见之。曾几何时，而国变沧桑，向所谓"玉躞金题""奇花异卉"者，仅足供楚人一炬。

　　呜呼！运无平而不陂，物无聚而不散，余校此书，正如孟尝君闻雍门子琴，泪涔涔霑襟而不能自止也。同治甲戌小寒前一日，南海伍绍棠谨跋。

图书在版编目(CIP)数据

一壶天地/(宋)陈敬等撰. —北京:中华书局,2020.12
ISBN 978-7-101-14921-0

Ⅰ.一⋯ Ⅱ.陈⋯ Ⅲ.古籍-汇编-中国 Ⅳ.Z422

中国版本图书馆 CIP 数据核字(2020)第 231257 号

书　名	一壶天地(全四册)
撰　者	〔宋〕陈　敬　〔明〕曹　昭　〔明〕计　成　〔明〕文震亨
责任编辑	张彩梅　刘树林
出版发行	中华书局
	(北京市丰台区太平桥西里 38 号　100073)
	http://www.zhbc.com.cn
	E-mail:zhbc@zhbc.com.cn
印　刷	北京瑞古冠中印刷厂
版　次	2020 年 12 月北京第 1 版
	2020 年 12 月北京第 1 次印刷
规　格	开本/850×1092 毫米　1/32
	印张 25　插页 8　字数 200 千字
印　数	1-10000 册
国际书号	ISBN 978-7-101-14921-0
定　价	78.00 元